¡QUÉ GUAY!

CURSO DE ESPAÑOL PARA ADOLESCENTES

Incluye:
Libro del alumno
Cuaderno de actividades

Leticia Santana
Ezgi Seçik

Jennifer Gagliardo
Carolina Toraño
Salomé Monasterio

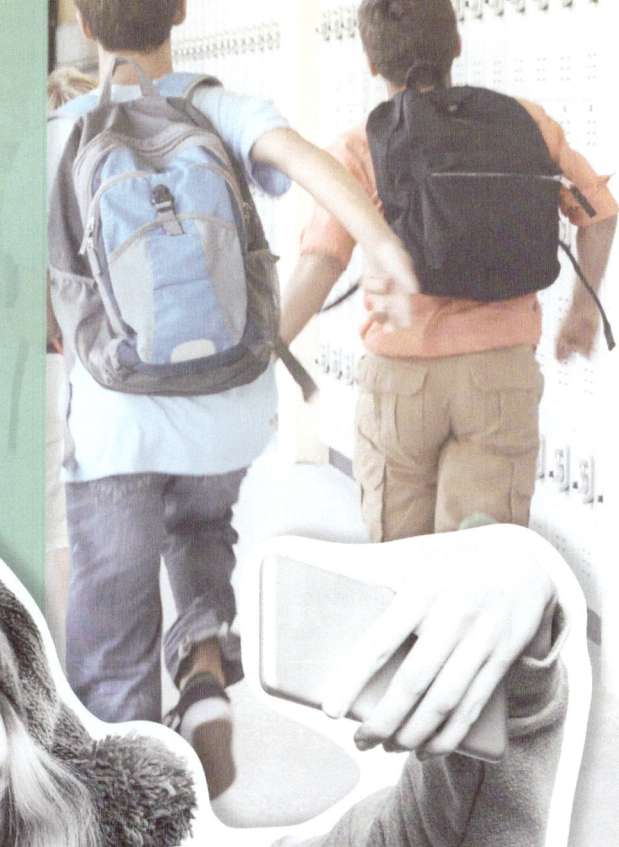

INCLUYE
LIBRO DIGITAL
blink
Learning

Audio descargable

en CLAVE ELE

Dirección editorial: enClave-ELE

Autoras: Leticia Santana Negrín, Ezgi Seçik, Jennifer Chelsea Gagliardo Varela, Carolina Toraño Quintana, María Salomé Monasterio Morales

Diseño y maquetación: Diseño y Control Gráfico y Malena Castro

Cubierta: Malena Castro

Fotografías: © Shutterstock.com; © enClave-ELE; © pág. 22: https://upload.wikimedia.org/wikipedia/commons/9/9f/Yuya2014.jpg, A.Ruiz /Shutterstock.com; EQRoy/Shutterstock.com, F.J. Carneros/Shutterstock.com, Valery Rokhin/Shutterstock.com; pág. 38: JJFarq/Shutterstock.com; pág. 45: https://upload.wikimedia.org/wikipedia/commons/8/8b/K1PL_Berlin_2018-09-16_Female_Kata_123.jpg, katacarix/Shutterstock.com, Maxisport/Shutterstock.com, LevanteMedia/Shutterstock.com; pág. 48: Christian Bertrand/Shutterstock.com; pág.45: daykung/Shutterstock.com; pág. 49: daykung/Shutterstock.com; pág. 50: Aldarinho/Shutterstock.com; pág. 55: Anastasia Krutikova/Shutterstock.com; pág. 56: 1000 words/Shutterstock.com; pág. 62: https://www.redtransporte.com/img/ transporte/madrid/plano-turistico-metro-madrid.jpg; pág. 64: Francis Lucy/Shutterstock, Lemon Tree Images/Shutterstock.com, Joaquin Corbalan P/Shutterstock.com, Salvador Aznar/Shutterstock.com, Gualberto Becerra/Shutterstock.com, flocu/Shutterstock; pág. 76: Matyas Rehak/Shutterstock.com; pág. 93: Sherry V Smith/Shutterstock.com; pág. 94: Radu Bercan/Shutterstock.com; pág. 106: Radu Bercan/Shutterstock.com, Felix Lipov/Shutterstock.com, Sorbis/Shutterstock.com, 06photo/Shutterstock.com, Kamira/Shutterstock.com; pág. 111: quietbits/Shutterstock.com, Neale Cousland/Shutterstock.com; pág. 118: Maxisport/Shutterstock. com, Levante Media/Shutterstock.com, Radu Razvan/Shutterstock.com, Phil Anthony/Shutterstock.com, Kaliva/Shutterstock.com, Alizada Studios/Shutterstock.com; pág. 132: dmitro2009/Shutterstock.com; pág. 139: Alfonso de Tomas/Shutterstock.com; pág. 140: Salvador Aznar/Shutterstock.com; pág. 143: Curioso/Shutterstock; pág. 150: Krimkate/Shutterstock.com; pág. 151: rarrarorro/Shutterstock.com, Krezodent/Shutterstock.com, Radu Bercan/Shutterstock.com.

Si detecta que alguna fuente de las imágenes o textos citados en este manual es incorrecta o está incompleta, por favor, diríjase a enClave-ELE a través de esta dirección: info@enclave-ele.com

Agradecimientos: a nuestros familiares y amigos. A Nuria Álvarez y Abel Sánchez, por las correcciones. A Malena Castro, por su inestimable ayuda. A todos los alumnos y profesores que han trabajado las actividades en clase y nos han dado su retroalimentación antes de publicar este libro.

Estudio de grabación: Voces de cine

© enClave-ELE, 2019

ISBN: 978-84-16108-27-5

Depósito legal: M-27166-2019

Impreso en España

Printed in Spain

Cualquier forma de reproducción, distribución, comunicación pública o transformación de esta obra solo puede ser realizada con la autorización de sus titulares, salvo excepción prevista por la ley. Diríjase a CEDRO (Centro Español de Derechos Reprográficos www.cedro.org) si necesita fotocopiar o escanear algún fragmento de esta obra.

¡Qué guay! es un manual para adolescentes diseñado bajo las orientaciones del **Marco Común Europeo de Referencia (MCER)** y el **Plan Curricular del Instituto Cervantes (PCIC)** con un enfoque orientado a la acción.

→ En el mismo volumen encontrarás el **libro del alumno** y el **cuaderno de actividades**, además de un **diccionario visual**, un **apéndice gramatical** y las **transcripciones** que se encuentran al final del libro.

→ Cada libro incluye un código de acceso al **libro digital** a través de Blinklearning (www.blinklearning.com) en el que encontrarás además una gran variedad de actividades autocorregibles que los alumnos podrán realizar desde su móvil, ordenador o tableta.

¡Qué guay! se caracteriza por:

- atender al proceso de aprendizaje de lenguas extranjeras teniendo en cuenta **los intereses** de los estudiantes de estas edades;
- trabajar todas **las destrezas de un modo equilibrado y significativo**;
- incluir **actividades de respuesta abierta** para promover el **intercambio de ideas** y el debate en clase, así como actividades más estructurales para la **sistematización** de contenidos;
- trabajar los **contenidos lingüísticos** (fonética, gramática, sintaxis, léxico, pragmática, ortografía) de un modo integrado, presentándolos de manera explícita e implícita en cada unidad;
- trabajar el **léxico** propuesto por el PCIC para cada nivel atendiendo a un número mínimo de repeticiones para ayudar al alumno en su aprendizaje;
- fomentar una **visión del mundo inclusiva y respetuosa**, ofreciendo ejemplos, fotos y textos con diferentes modelos culturales y personales.

En *¡Qué guay!* los estudiantes tendrán las siguientes instrucciones:

Lee	Escribe	Escucha	Habla / Comenta	Juega
Completa	Marca	Rodea	Tacha	Relaciona

tres 3

ÍNDICE DE CONTENIDOS

Unidades	Contenidos funcionales	Contenidos gramaticales
	• Repaso del nivel A1.1	• Repaso del nivel A1.1 • Por qué y porque • Usted y tú
Este es mi barrio	• Pedir y dar información sobre la ciudad • Expresar y preguntar por planes e intenciones (presente indicativo) • Valorar • Preguntar por horarios	• Verbos irregulares e > ie (1) • Verbos irregulares o > ue (1) • Verbo ir • Preposiciones a y en • Preposiciones de lugar
 **Mi día a día**	• Hablar de las rutinas diarias • Hablar de las aficiones • Hablar de la ropa	• Verbos reflexivos • Verbo hacer • Verbos irregulares de cambio vocálico e > ie (2) • Verbos irregulares de cambio vocálico o > ue (2)

¡Preparo el DELE Escolar!

¡Qué guay! Tablero de juego

Proyecto 1

¡Me duele mucho!	• Hablar de estados físicos y anímicos • Hablar de las partes del cuerpo • Dar consejos • Hablar de los libros que te gustan	• El imperativo afirmativo • Oraciones condicionales: si + presente de indicativo + imperativo • Verbo doler • Creo que… / Pienso que...
Un plan muy guay	• Expresar y preguntar por planes y deseos • Invitar y aceptar / rechazar invitaciones • Hablar del tiempo atmosférico	• Perífrasis: ir a + infinitivo, querer + infinitivo • Verbos ir y venir • Objeto directo (lo / la / los / las)
Exploradores del mundo	• Organizar un viaje • Describir sitios y paisajes • Dar y pedir opinión • Presentar contraargumentos	• Oraciones de relativo • Verbos irregulares: costar, probar, preferir • Adverbios: muy, mucho • Preposiciones de lugar

Proyecto 2

¡Qué guay! Tablero de juego

¡Preparo el DELE escolar! Modelo de examen completo

Cuaderno de actividades

Apéndices: Diccionario visual (p. 147) y Apéndice gramatical (p. 160)

Transcripciones

ÍNDICE DE CONTENIDOS

Contenidos léxicos	Cultura	Pronunciación y ortografía	Pág.
• Repaso del nivel A1.1			8
• Los objetos de la clase • Los colores • Los países y nacionalidades	• Adivinanzas	• Las sílabas	15
• Las partes del día • Las rutinas diarias • La ropa • Los deportes • La hora: de… a… • Los organizadores del discurso	• Refranes	• Palabras agudas	27
¡Preparo el DELE Escolar!			39
¡Qué guay! Tablero de juego			40
Proyecto 1			42
• Los sentimientos y estados de ánimo • Las partes del cuerpo • Libros y géneros literarios	• Supersticiones	• Palabras llanas / graves	43
• El tiempo atmosférico • Los meses y estaciones • Las sensaciones térmicas	• Origen del nombre de los meses • Fiestas del mundo hispanohablante	• Palabras esdrújulas	55
• Tipos de alojamiento • Los objetos de viaje • La geografía • Números (100-1000)	• Países de Centroamérica	• Letras "silenciosas" en español	67
Proyecto 2			79
¡Qué guay! Tablero de juego			80
¡Preparo el DELE escolar! Modelo de examen completo			83
Cuaderno de actividades			101
Apéndices: Diccionario visual (p. 147) y Apéndice gramatical (p. 160)			147
Transcripciones			172

ESQUEMA DE LAS UNIDADES

Los alumnos se familiarizan con los contenidos de la unidad a través de una actividad de input auditivo de una forma visual e intuitiva.

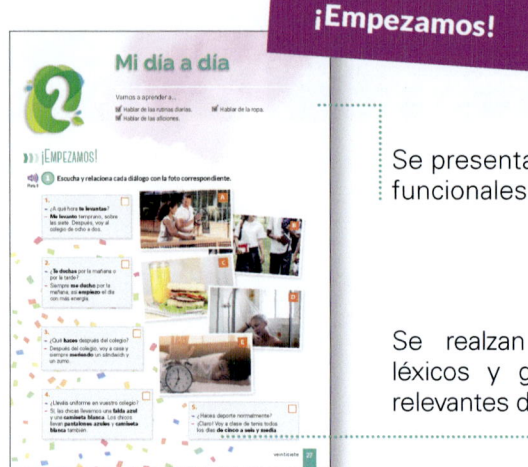

¡Empezamos!

Se presentan los contenidos funcionales de la unidad.

Se realzan los contenidos léxicos y gramaticales más relevantes de la unidad.

Inicio de unidad

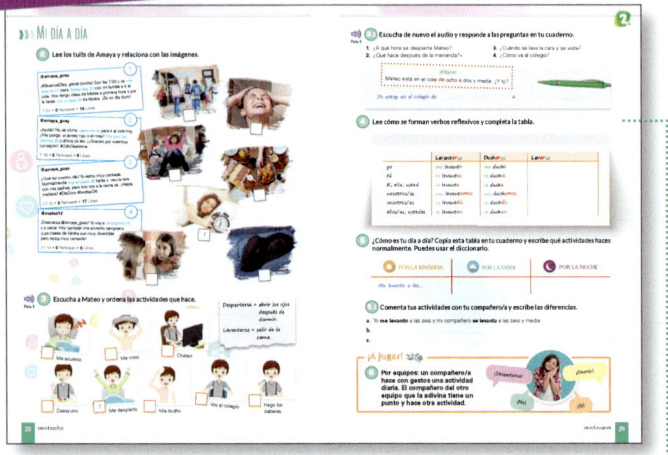

Se trabajan de forma comunicativa los contenidos de la unidad, atendiendo a los aspectos funcionales.

Se incluyen cuadros de apoyo gramatical.

Mi cuaderno de vocabulario

Se trabaja el contenido léxico de la unidad en contexto y con actividades de sistematización.

Habitualmente aparecen cuadros para reflexionar sobre aspectos ortográficos y fonéticos.

Mi cuaderno de gramática

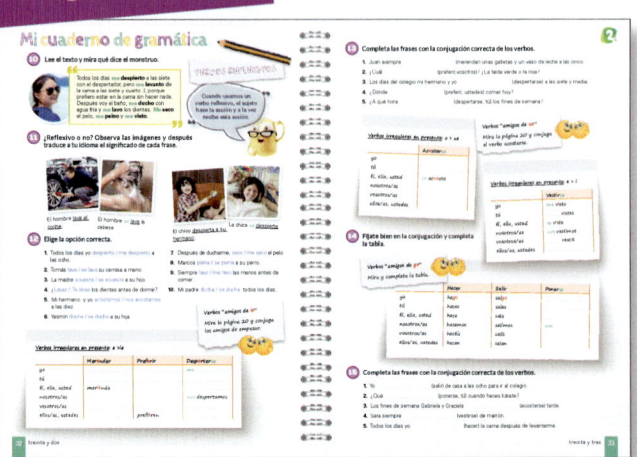

Se trabaja la gramática de forma explícita: aprendemos las reglas y practicamos.

Conecta2

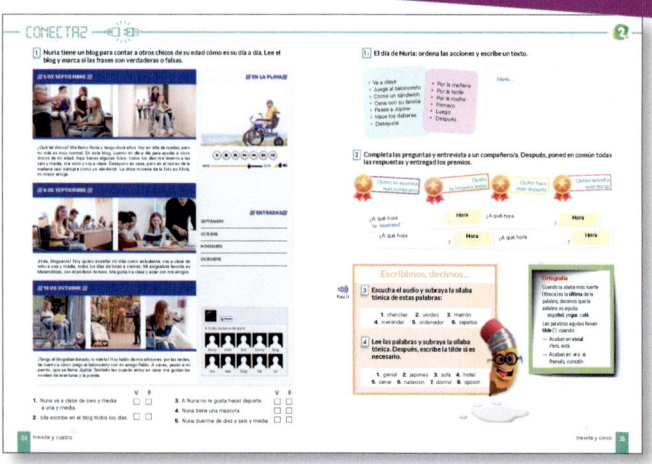

Se amplía y repasa el contenido clave de la unidad a través de una comprensión lectora vinculada a las nuevas tecnologías y al mundo digital.

ESQUEMA DE LAS UNIDADES

¡Qué interesante!
Repaso

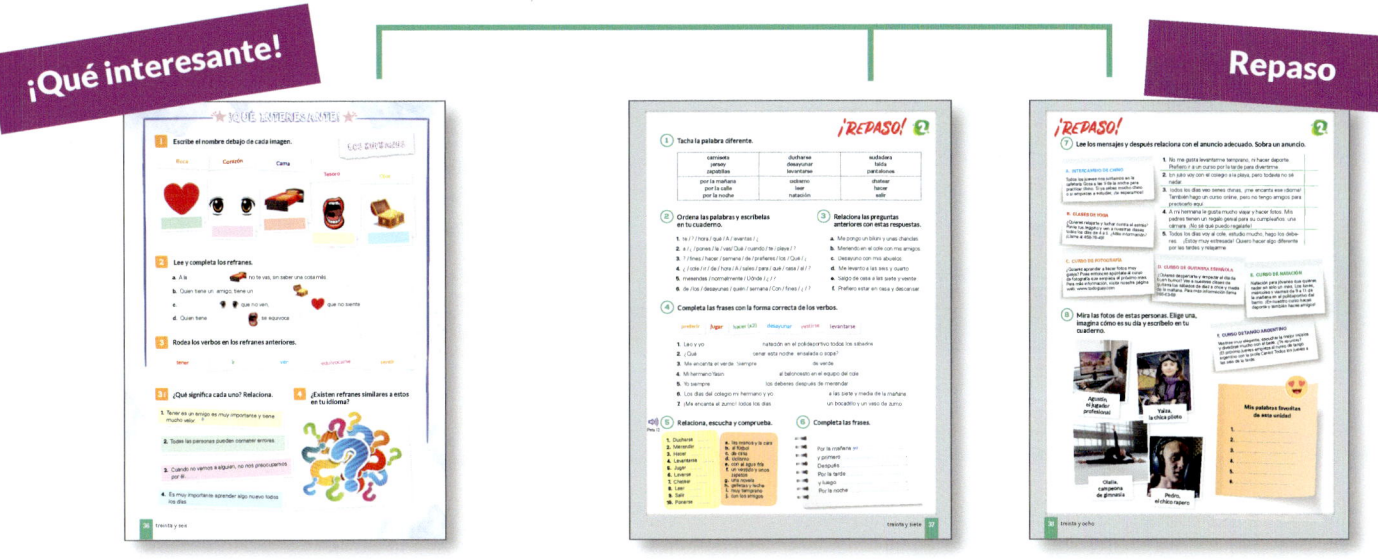

Sección dedicada a la cultura y la intercultura.

Se trabajan todas las destrezas y se refuerzan los contenidos que pueden presentar mayor dificultad para el alumno.

CONTENIDO ADICIONAL

¡Preparo el DELE!
¡Qué guay! Tablero de juego
Proyecto

Se practican tareas tipo DELE y otros exámenes de certificación similares.

Al final de cada bloque (3 unidades) se repasan los contenidos vistos con este divertido tablero de juego.

Se trabaja de una forma manual y visual el contenido aprendido.

Diccionario visual
Apéndice gramatical

Actividades de sistematización sencillas para que el alumno pueda agrupar el vocabulario clave de cada unidad.

Se apoya al alumno con explicaciones breves y visuales que clarifican los contenidos gramaticales del nivel.

siete 7

¡Bienvenidos a la clase de Español!

>>> ¡HOLA!

"¡Bienvenidos, chicos! ¿Hay alumnos nuevos este curso?"

"Yo, profesora. Me llamo Leo."

¿Hay un alumno nuevo en tu clase? ¡Preséntate al nuevo compañero!

  1 Escucha y marca la frase correcta.
Pista 1

☐ La chica nueva de la clase es de Perú.
☐ La chica nueva de la clase se llama Sofía.

☐ El profesor de Matemáticas se llama Carlos.
☐ El profesor de Matemáticas se llama Julio.

☐ En el cole de Fran hay pelotas de fútbol nuevas.
☐ En el cole de Fran hay pizarras digitales nuevas.

☐ La nueva profe de Plástica tiene gafas.
☐ La nueva profe de Plástica no tiene gafas.

 ¿Hay algo nuevo en tu cole o en tu clase este año?

2 Escribe otras frases útiles en la clase de Español.

¿Cómo se dice?

3 Completa el cuadro: ¿qué asignaturas tienes este curso? Rodea tus dos asignaturas favoritas.

Español			

3.1 ¡Muévete! Busca en la clase dos personas con las mismas asignaturas favoritas que tú. Escribe sus nombres.

Ej.: *¿Cuáles son tus asignaturas favoritas? / Mis asignaturas favoritas son…*

COMPAÑERO 1	COMPAÑERO 2

4 Imagina que eres un estudiante nuevo y completa tu ficha. Después, pregunta sus datos a tus compañeros/as y rellena su ficha.

Ej.: *¿Cómo te llamas? ¿Cuántos…? ¿De dónde…?*

// MI FICHA //

Nombre:

Apellidos:

Ciudad y país:

// FICHA DE MI COMPAÑERO/A //

Nombre:

Apellidos:

Ciudad y país:

››› ¡ME ENCANTA ESTUDIAR ESPAÑOL!

5 Lee y marca. ¿Por qué te gusta estudiar español?

☐ Porque mucha gente habla español: es la lengua oficial de 21 países.

☐ Porque me gusta escuchar música en español.

☐ Porque me gusta ver películas y series en español.

☐ Porque quiero viajar a un país hispanohablante.

☐ Porque me gusta mucho el español.

☐ Porque…

5.1 Dibuja en el cuadro de la opción F otra razón para estudiar español.

> **¡Recuerda!**
> **Para + infinitivo**
> Estudio español **para viajar** a América Latina.

> **¡Fíjate!**
> **Para preguntar:** ¿Por qué…?
> **Para responder:** Porque…
> – ¿Por qué estudias español?
> – Porque me gusta mucho.

6 Lee y contesta: ¿cuándo usamos tú / vosotros? ¿Cuándo usamos usted / ustedes?

FORMAL: usted, ustedes   **INFORMAL:** tú, vosotros

> Normalmente escucho canciones en español, ¿y tú?

> Yo aprendo español para estudiar en España, ¿y **usted**?

> Yo aprendo español para hablar con mi nieto. Él es chileno.

> Yo a veces leo cómics en español, ¿y vosotras?

> Yo estudio español para viajar a Panamá, ¿y **ustedes**?

> ¡Nosotros también!

once **11**

7 Lee y encuentra los errores. Hay dos en cada frase.

1. ¡Hola! Me llamo Fátima y estoy marroquí. Estudias español para viajar a España el próximo año.
2. ¡Yo me encanta escuchar música en español! En mi lista de reproducción soy canciones de Rosalía, Juanes y Luis Fonsi.
3. Mi abuelo se llaman Harry, tiene sesenta y tres años y es irlandés. Estudia español porque mis padres y yo vivemos en México. ¡Todos los veranos nos visita!
4. ¿Porque estudiáis español? Porque está una lengua muy bonita.

8 Escribe en números.

El español es la lengua oficial de diecinueve (..........) países de América, un (..........) país en Europa y un (..........) país en África.

9 ¿Qué ves en las fotos? Completa la tabla.

FOTO 1	FOTO 2	FOTO 3	FOTO 4
Libro	Cama	Pan	Baloncesto

9.1 Elige una de las fotos y escribe lo que ves. Después, lee la descripción a tu compañero/a y él/ella tiene que adivinar qué foto es.

En la foto hay mesas, también hay libros y...
¡Es la foto 1!

10 Escucha y marca a qué hora hace la actividad cada persona.
Pista 2

1. Hugo	☐ a las 8:30	☐ a las 18:20	☐ a las 8:15
2. Martina	☐ a las 17:30	☐ a las 17:00	☐ a las 15:30
3. Lucas	☐ a las 11:30	☐ a las 12:00	☐ a las 11:00
4. Leire	☐ a las 15:10	☐ a las 15:50	☐ a las 14:50

¡A jugar!

11 En parejas o pequeños equipos. Piensa en uno de los chicos de la clase y tu compañero tiene que hacer preguntas para adivinar quién es. Solo puedes contestar "sí" o "no".

Por ejemplo, piensas en Jonathan:
¿Es rubio? / No.
¿Es moreno? / Sí.
¿Tiene el pelo rizado? / Sí
¿Es una chica? / No
¿Es Jonathan? / ¡Sí!

Tara Anastasya Tomek
Fabio Klaus Jonathan Yinzhu Dan Adama

trece 13

»»» Autoevaluación

1 Lee las frases y marca si lo sabes muy bien, bien o regular.

	REGULAR	BIEN	MUY BIEN
Preguntar en clase.			
Decir lo que hay en mi clase y en mi colegio.			
Hablar de mí y de mis amigos.			
Hablar de mi familia.			
Decir cómo es una persona.			
Hablar de mis aficiones.			
Hablar de la comida.			
Decir cómo es mi casa.			

2 Marca lo que más te gusta hacer en la clase de Español.

☐ Hablar   ☐ Escuchar   ☐ Escribir   ☐ Leer

Este es mi barrio

Vamos a aprender a...

- ☑ Describir nuestro barrio.
- ☑ Situar lugares y comercios.
- ☑ Hablar de medios de transporte.
- ☑ Preguntar por horarios.

»»» ¡EMPEZAMOS!

  Escucha y relaciona cada diálogo con la foto correspondiente.
Pista 3

1. ☐
- ¿**A qué hora** cierra el museo?
- **Cierra** a las seis y media.

2. ☐
- ¿Dónde está la **estación de tren**?
- Está enfrente del **centro comercial**.

3. ☐
- ¿Cómo vas al colegio, Juan?
- Voy al colegio **en autobús**. ¿Y tú?
- **En coche**, con mi madre.

4. ☐
- ¿**Vamos** a la biblioteca?
- No **podemos**, está cerrada. Los viernes cierra a las siete.

5. ☐
- Oye, Igor, ¿qué tal tu nuevo barrio?
- ¡Me encanta! Es un barrio muy moderno. Mi casa nueva es enorme y cerca hay **parques** y **plazas** geniales para ir con mis amigos.

ESTE ES MI BARRIO

2 Lee y relaciona.

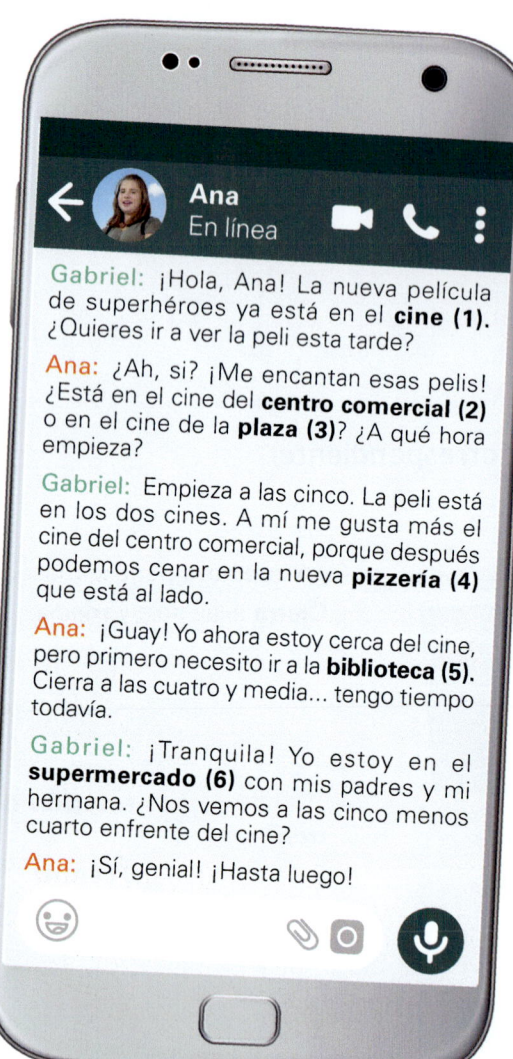

Ana — En línea

Gabriel: ¡Hola, Ana! La nueva película de superhéroes ya está en el **cine (1)**. ¿Quieres ir a ver la peli esta tarde?

Ana: ¿Ah, sí? ¡Me encantan esas pelis! ¿Está en el cine del **centro comercial (2)** o en el cine de la **plaza (3)**? ¿A qué hora empieza?

Gabriel: Empieza a las cinco. La peli está en los dos cines. A mí me gusta más el cine del centro comercial, porque después podemos cenar en la nueva **pizzería (4)** que está al lado.

Ana: ¡Guay! Yo ahora estoy cerca del cine, pero primero necesito ir a la **biblioteca (5)**. Cierra a las cuatro y media... tengo tiempo todavía.

Gabriel: ¡Tranquila! Yo estoy en el **supermercado (6)** con mis padres y mi hermana. ¿Nos vemos a las cinco menos cuarto enfrente del cine?

Ana: ¡Sí, genial! ¡Hasta luego!

3 Escucha a David y Marta hablar de sus barrios. Marca qué hay en el barrio de cada uno.

Pista 4

En el barrio hay...	David	Marta
1. Parques y zonas verdes.		
2. Edificios muy altos.		
3. Cafeterías, teatros y restaurantes.		
4. Un centro comercial grande.		
5. Una estación de trenes.		

¡Recuerda!
En mi barrio **hay una** biblioteca.
En mi barrio **no hay** bibliotecas.
En mi barrio **hay un** restaurante.
En mi barrio **no hay** restaurantes.

4 Lee las frases y completa con el nombre de los lugares que ves en las fotos. ¡Ojo, sobran dos palabras!

Veo las películas de mis actores favoritos en el ....

Los fines de semana voy con mis amigos al .... para montar en bici.

Por las tardes juego a la pelota con mis amigos en la .... de mi barrio.

El sábado quiero ir al .... para ver la nueva exposición de Dalí.

La .... de trenes de mi ciudad cierra a las doce de la noche.

Todas las mañanas espero el 232 en la .... para ir al colegio.

Museo

Parque

Estación de tren / trenes

Parada de autobús

Hospital

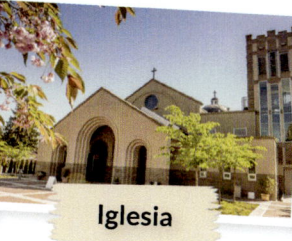
Iglesia

Cine

Plaza

4.1 ¡Ahora tú! ¿Qué hay en tu barrio? ¿Qué cosas no hay?

Yo vivo en .... *En mi barrio hay* ....

Mi cuaderno de vocabulario

5 Mira la imagen y completa.

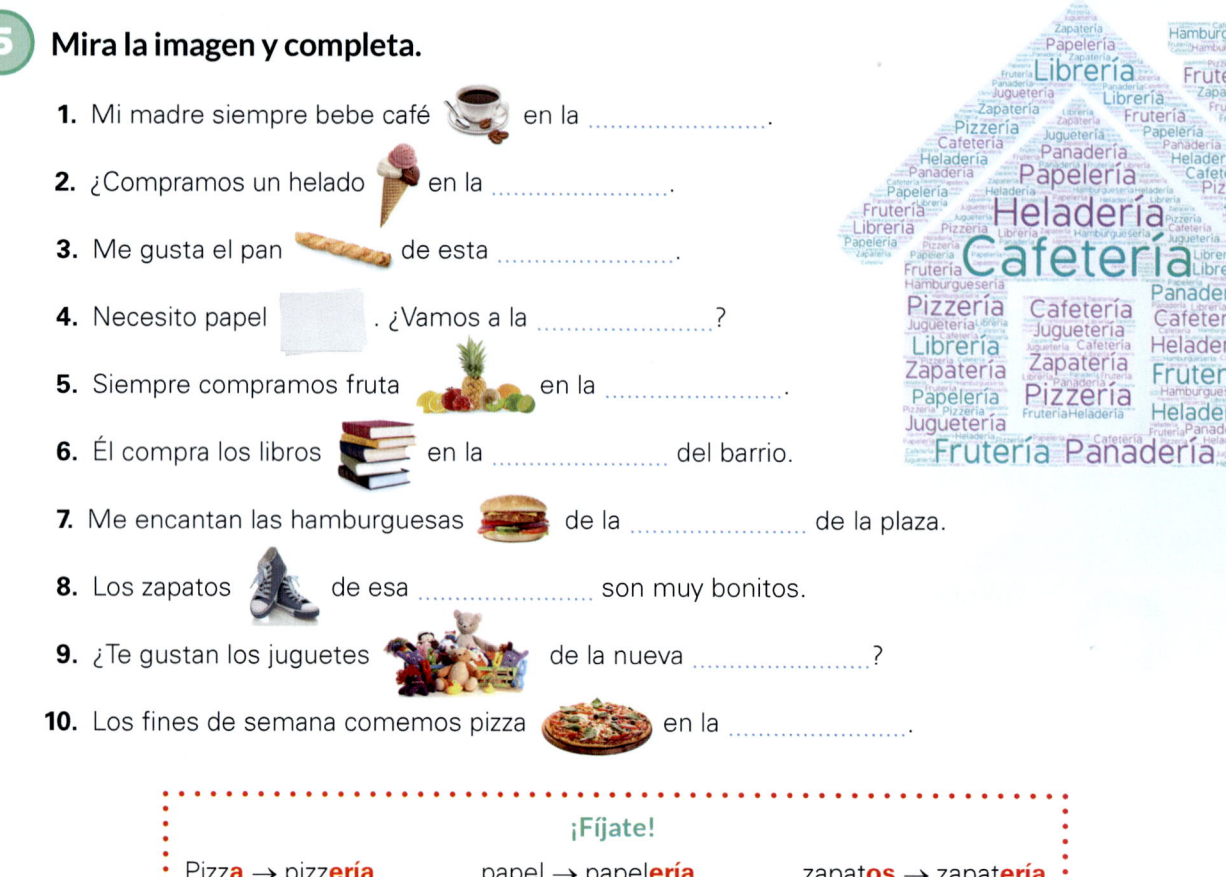

1. Mi madre siempre bebe café ___ en la _____.
2. ¿Compramos un helado ___ en la _____.
3. Me gusta el pan ___ de esta _____.
4. Necesito papel ___ . ¿Vamos a la _____?
5. Siempre compramos fruta ___ en la _____.
6. Él compra los libros ___ en la _____ del barrio.
7. Me encantan las hamburguesas ___ de la _____ de la plaza.
8. Los zapatos ___ de esa _____ son muy bonitos.
9. ¿Te gustan los juguetes ___ de la nueva _____?
10. Los fines de semana comemos pizza ___ en la _____.

> ¡Fíjate!
> Pizz**a** → pizz**ería**   papel → papel**ería**   zapat**os** → zapat**ería**

6 Mira la imagen, lee y aprende los marcadores de lugar.

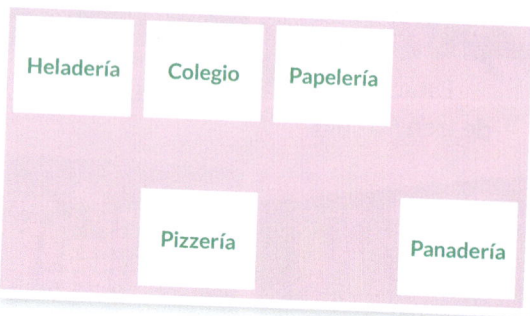

a. La papelería está **a la derecha del** colegio.
b. La heladería está **a la izquierda del** colegio.
c. La pizzería está **enfrente del** colegio.
d. La heladería está **cerca de** la pizzería.
e. La panadería está **lejos de** la heladería.

6.1 ¡Ahora tú! Mira el plano y escribe dónde están los sitios.

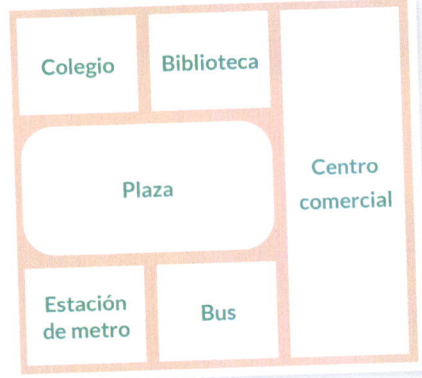

a. El colegio está _____.
b. La plaza está _____.
c. La estación está _____.
d. La biblioteca está _____.
e. El centro comercial está _____.

¡A jugar!

7 Dibuja tu barrio en un papel. Después, intercambia el papel con tu compañero/a y describe cómo es el barrio que él o ella ha dibujado.

8 Lee el texto. Después, escribe el nombre de cada medio de transporte debajo de cada foto.

¡Hola! Me llamo Gael. Vivo en la calle Marqués de Larios, en Málaga. Todos los días voy al colegio **en bici.** Mi cole está al lado del restaurante Calipso, es muy famoso en la ciudad. Mi padre sale de casa conmigo a las 7:45, pero él va al trabajo **en moto**. A mi padre le encanta conducir su moto, menos los domingos cuando vamos a mi pueblo. Al pueblo normalmente vamos **en coche** y a veces también vamos **en tren**. Para coger el tren, vamos a pie a la estación María Zambrano. Son 20 minutos desde mi casa. A mí me gusta más ir **en autobús**, porque es más rápido.

Me gusta mucho ir al pueblo, pero mis vacaciones favoritas son en Ceuta, cuando visitamos a mis abuelos. A veces vamos **en barco** y es un poco largo, pero cuando vamos **en avión**, es muy guay.

8.1 ¿Y tú, cómo vas al colegio? Comenta con tu compañero. Puedes usar *siempre / normalmente / a veces / nunca*.

Ortografía

En español las palabras se dividen en sílabas, que son golpes de voz. Por ejemplo: palabra = pa-la-bra = 3 sílabas.

En cada palabra, hay una sílaba más fuerte e intensa que las otras: es **la sílaba tónica**.

espa**ñol:** es-pa-ñol.
coche: co-che.
gra**má**tica: gra-má-ti-ca.

Escribimos, decimos...

9 Separa estas palabras en sílabas.

1. Moto: _____
2. Bicicleta: _____
3. Barrio: _____
4. Pueblo: _____
5. Pizzería: _____
6. Heladería: _____

Pista 5

10 Escucha estas palabras y subraya la sílaba tónica (la más fuerte).

a. cine   b. colegio   c. hotel
d. estación   e. tren   f. autobús   g. pizzería

diecinueve 19

Mi cuaderno de gramática

Verbos irregulares en presente: e > ie

	Querer	Cerrar	Empezar
yo	quiero	cierro	empiezo
tú	quieres	cierras	empiezas
él, ella, usted	quiere	cierra	empieza
nosotros/as	queremos	cerramos	empezamos
vosotros/as	queréis	cerráis	empezáis
ellos/as, ustedes	quieren	cierran	empiezan

> **Quiero** ir al cine, pero la peli que me gusta **empieza** en diez minutos. Mejor **voy** al centro comercial, que hoy **cierra** más tarde.

(11) Completa las frases con la forma correcta de los verbos.

1. Mañana .... (empezar) mis clases de patinaje en el parque. ¿Cuándo .... (empezar) tú a hacer deporte?

2. El metro en Madrid .... (cerrar) normalmente a la una, pero en Estambul .... (cerrar) a las doce.

3. – ¿Qué .... (querer) hacer Gabriel y tú esta tarde?
   – Él .... (querer) ir al teatro, pero yo .... (querer) ver la nueva película de Marvel en el cine.

4. Profesora, yo no .... (entender) esta tarea y mi compañero Nico tampoco .... (entender) su tarea.

Verbos "amigos de ie"
Querer, cerrar, empezar, atender...

¡Ojo!
Querer + infinitivo
Quiero **comer**
Quieres **hacer deporte**
Quiero ~~como~~

Verbos irregulares en presente: o > ue

	Dormir	Poder	
yo	duermo	puedo	
tú	duermes	puedes	
él, ella, usted	duerme	puede	
nosotros/as	dormimos	podemos	
vosotros/as	dormís	podéis	
ellos/as, ustedes	duermen	pueden	

Verbos "amigos de ue"
Dormir, poder, recordar, contar...

(12) Completa la tabla anterior con uno de estos verbos: recordar, contar, volver.

20 veinte

12.1 Elige la opción correcta.

1. Mis hijos vuelve / vuelven del colegio a las cuatro y media.
2. Alicia y yo no podéis / podemos terminar el proyecto hoy.
3. ¿Quién puede / puedes comprar las entradas?
4. Yo no duermo / duerme suficiente, por eso no puedo / puede poner atención en clase.
5. ¿Recuerdas / Recordáis (tú) cómo se llama la nueva pizzería?

Verbos irregulares en presente: el verbo ir

	Ir
yo	voy
tú	vas
él, ella, usted	va
nosotros/as	vamos
vosotros/as	vais
ellos/as, ustedes	van

13 ¿Cómo se dicen en tu idioma?

- cerrar: ....
- empezar: ....
- querer: ....
- entender: ....
- dormir: ....
- poder: ....
- recordar: ....
- volver: ....
- ir: ....

14 Lee otra vez el texto de la actividad 8 y subraya las formas del verbo *ir*.

15 Completa las frases con la forma correcta de los verbos.

1. - ¿A dónde .... (ir) Carlos y tú los los domingos? - .... (ir) parque.
2. Los miércoles yo .... (ir) a jugar al fútbol y mi hermana Carlota .... (ir) a baile.
3. Mis padres .... (ir) en coche al pueblo para ver a mis abuelos.

La preposición *a* se usa:
→ Para expresar el destino de un desplazamiento.
  Pedro va a Madrid.
  Mi madre y yo vamos al cine.
  Diana y Óscar van a la heladería.
→ Expresar la hora de un evento / lugar.
  El concierto empieza a la una.
  La biblioteca cierra a las siete.

La preposición *en* se usa:
→ Para expresar en qué vehículo vamos a un lugar.
  Pedro va a Madrid en autobús.
  Vamos al cine en coche.
  Van a la heladería en bici.
→ Para decir dónde se encuentra algo / alguien.
  Tu libro está en la mesa.
  Los niños están en el parque.

16 Completa las frases con la preposición *a / al* o *en*.

1. ¿........ qué hora terminan las clases?
2. Todos los días voy .... colegio .... autobús.
3. La película empieza .... las tres y media. Es .... el cine de la calle Pez.
4. Hay muchas tiendas .... el centro comercial.
5. Este fin de semana mi primo y yo vamos .... Toledo .... tren.
6. .... Jaén, los bancos cierran .... las dos.

veintiuno 21

CONECTA2

[1] **Bruno sigue en Instagram a algunos *influencers* que hablan de sus barrios y ciudades favoritas. Comenta las preguntas y después completa las fichas con los datos de dos *influencers* que conoces.**

- ¿Sabes qué es un *influencer*? ¿Conoces alguno/a de tu país? ¿Conoces algún / alguna *influencer* hispanohablante?

Nombre: Yuya	**Nombre:**	**Nombre:** ....
Edad: no lo sé	**Edad:**	**Edad:** ....
País: México	**País:**	**País:** ....
¿De qué habla en su perfil?: belleza, salud, moda, ecología	**¿De qué habla en su perfil?:**	**¿De qué habla en su perfil?:** ....

[2] **Mira el perfil de Instagram de la *influencer* @ÁgataGuay y lee sus historias. Después, escribe debajo las etiquetas # relacionadas con cada texto.**

#Tenerife   #España   #Perú   #Chile   #museo   #plaza   #iglesia   #estacióndetren   #tiendas
#parque   #heladería   #restaurante   #cine   #mezquita   #teatro   #templo

@ÁgataGuay   SEGUIR

2017 likes

@ÁgataGuay   #like   #seguir   #quéguay

¡Empieza el día en La Laguna! Me encanta vivir en Tenerife. Hoy voy al Museo de la Ciencia y el Cosmos para ver las estrellas **. Es un museo muy <u>moderno</u>.

Después quiero pasear por la Plaza del Adelantado. Me gusta porque es muy bonita y antigua. Por la tarde quiero comer un helado en mi heladería favorita: ¡ñam, ñam! ¡Mira mis *stories* para saber más sobre mi ciudad!

#Tenerife

@ÁgataGuay   SEGUIR

2017 likes

@ÁgataGuay   #like   #seguir   #quéguay

Como ves, mi ciudad es muy tranquila: no hay grandes centros comerciales y las tiendas cierran a las siete. Pero por la noche hay muchas actividades: puedes ir al teatro, cenar en algún restaurante o ir al cine en el Espacio Cultural Aguere. Yo ahora voy al Parque de la Vega, está muy cerca de la Plaza del Cristo. ¡Hay un *skate park* muy guay allí!

#

[2.1] **Subraya los adjetivos que @ÁgataGuay usa para describir su ciudad.**

Por ejemplo, moderno.

3 Escucha a @Angel123 (A) y a @BertoGilberto (B) hablar de los lugares donde viven. Después, relaciona las fotos con cada chico.

Pista 6

a

3.1 Completa las frases.

barrio   pueblo   ciudad

1. @BertoGilberto vive en un _____ de Galicia.

2. @Ángel123 vive en un _____ de la _____ de Madrid.

¡Recuerda!
muy tranquil**o**
much**os** niñ**os**
much**as** tiend**as**
poc**os** edifici**os**
poc**a** contaminación
poc**as** cas**as**

4 ¡Ahora tú! Escribe una publicación para Instagram y cuenta qué haces en tu barrio o en un barrio que te gusta mucho.

veintitrés 23

¡QUÉ INTERESANTE!

1 ¿Sabes qué es una adivinanza? ¿Cómo se dice "adivinanza" en tu idioma?

Una adivinanza es una frase o pregunta y tienes que encontrar la solución. Normalmente es difícil y divertida. Muchas adivinanzas tienen rimas.

Blanco por dentro, verde por fuera, si no lo sabes, espera.

¡ADIVINA ADIVINANZA!

2 ¡Lee y adivina!

Si por mar quieres viajar, ¿dónde te vas a montar?

No voy por la carretera, ni tampoco por el mar. Tengo un camino de hierro, conmigo puedes viajar.

Puedo ir rápido, y los niños se montan en mí. Si le das a mis pedales, te vas a divertir.

Llevo a la familia y su equipaje, paso todas las noches en el garaje.

No soy pájaro pero puedo volar. Llevo a las personas de uno a otro lugar.

3 Lee y completa la adivinanza. Después, dibuja.

Te__go d__s rueda__,
p__ro una b__ci n__ soy,
no teng__ pedales, pero
tengo motor.
¿Qui__n s__y?

¡REPASO!

1. Tacha la palabra diferente.

Panadería Heladería Cine	Cerrar Empezar Dormir	Coche Autobús Avión	Recordar Cerrar Poder
Cerca Grande Lejos	Moto Barco Estación de tren	Biblioteca Museo Calle	Derecha Izquierda Cerrado

2. Ordena las palabras y escríbelas en tu cuaderno.

1. empieza / ? / A / la / hora / película / qué / ¿
2. ¿ / restaurante / Dónde / ? / el / está
3. centro / ¿ / vas / Cómo / comercial / al / ?
4. barrio / tu / ¿ / favorito / Cuál / lugar / es / tu / en / ?
5. las / ? / ¿ / duermes / Dónde / en / vacaciones
6. supermercado / compras / ¿ / el / Qué / en / ?

3. Relaciona las preguntas anteriores con estas respuestas.

a. Mi lugar favorito es el teatro de mi barrio.
b. Compro frutas, chocolate y leche.
c. La película empieza a las nueve.
d. Duermo en el hotel de la Plaza Mayor.
e. El restaurante está en la plaza.
f. Voy al centro comercial a pie.

4. Completa las frases con la forma correcta de los verbos.

1. ¿A qué hora .... (empezar) las clases en tu colegio?
2. Yo no .... (recordar) dónde está la casa de Graciela.
3. ¿.................. (Poder, tú) ir a comprar patatas? .... (Querer, yo) hacer una tortilla española.
4. Cuando mis padres .... (ir) de vacaciones, ... (dormir) en un hotel.
5. ¿A qué hora .... (volver) tus amigos del museo?
6. Lola y yo no .... (querer) ir al museo, mejor .... (ir) al cine.
7. Mi madre siempre .... (cerrar) la puerta con la llave cuando .... (salir) de casa.
8. Los estudiantes .... (poder) preparar una obra de teatro para el fin de año.

5. Relaciona las palabras.

1. Dormir ___
2. Cerrar ___
3. Ir ___
4. Visitar ___
5. Hacer ___
6. Querer ___
7. Comprar ___
8. Ver ___
9. Pasear ___
10. Empezar ___

a. en bici
b. un curso de salsa
c. museos
d. la puerta con la llave
e. las entradas
f. en el parque
g. ocho horas
h. una película
i. deporte
j. una hamburguesa

6. Completa con las preposiciones a (al) o en.

1. Los profesores están .... el despacho.
2. El partido empieza .... las cinco y media.
3. ¿Cuándo vais .... Bogotá?
4. Mi primo va .... la universidad .... pie.
5. Siempre vamos a la iglesia .... coche.
6. Puedes coger el tren para ir .... Salamanca.
7. Mi padre va .... trabajo .... metro.

¡REPASO!

7 Mira las imágenes y escribe adónde y cómo van estas personas. Fíjate en el ejemplo.

Mi familia y yo / Cádiz
Mi familia y yo vamos a Cádiz en coche.

Mi madre / el trabajo
....

Yo / Colombia
....

Los estudiantes / el colegio
....

Susana y tú / Canarias
....

Tú / Alicante
....

8 (Pista 7) Escucha y completa el texto del barrio de Susana. Sitúa en el plano las palabras subrayadas en el texto.

> Vivo en un barrio bastante .... Mi casa está un poco .... del colegio, por eso voy al cole en .... Enfrente del .... hay una biblioteca que es muy grande y tiene dos .... Después del cole, voy a hacer los deberes allí. A la .... de la <u>biblioteca</u> está mi lugar favorito: el parque. Es muy .... y hay un estanque y una .... A mi madre y a mí nos gusta caminar un poco por el <u>parque</u> después de .... Hay una <u>pizzería</u> al .... de mi casa. ¡Me encanta la pizza! Los sábados mi familia y yo vamos a comer allí.

Colegio	Papelería		Casa
			Polideportivo

8.1 Lee las frases y corrige la información incorrecta.

1. La casa de Susana está cerca del colegio.
2. Susana va al colegio a pie.
3. Hace los deberes en casa.
4. La biblioteca está a la izquierda del parque.
5. Los sábados Susana come pizza en el parque.

Mis palabras favoritas de esta unidad

1. .... 4. ....
2. .... 5. ....
3. .... 6. ....

Mi día a día

Vamos a aprender a...

☑ Hablar de las rutinas diarias. ☑ Hablar de la ropa.
☑ Hablar de las aficiones.

》》》 ¡Empezamos!

  Escucha y relaciona cada diálogo con la foto correspondiente.
Pista 8

1.
– ¿A qué hora **te levantas**?
– **Me levanto** temprano, sobre las siete. Después, voy al colegio de ocho a dos.

2.
– ¿**Te duchas** por la mañana o por la tarde?
– Siempre **me ducho** por la mañana, así **empiezo** el día con más energía.

3.
– ¿Qué **haces** después del colegio?
– Después del colegio, voy a casa y siempre **meriendo** un sándwich y un zumo.

4.
– ¿Lleváis uniforme en vuestro colegio?
– Sí, las chicas llevamos una **falda azul** y una **camiseta blanca**. Los chicos llevan **pantalones azules** y **camiseta blanca** también.

5.
– ¿Haces deporte normalmente?
– ¡Claro! Voy a clase de tenis todos los días **de cinco a seis y media**.

veintisiete 27

Mi día a día

2 Lee los tuits de Amaya y relaciona con las imágenes.

@amaya_guay
¡#BuenosDías, gente bonita! Son las 7:00 y ya me levanto (1) para desayunar (2) con mi familia e ir al cole. Hoy tengo clase de Mates a primera hora y por la tarde voy a clase (3) de kárate. ¡Es un día duro!

7:00 • **0** Retweet • **14** Likes

@amaya_guay
¡Ayuda! No sé cómo vestirme (4) para ir al cole hoy. ¿Me pongo el jersey rojo o el rosa? Me lavo los dientes (5) y ahora os leo. ¡¡Gracias por vuestros consejos!! #OdioVestirme.

7:35 • **0** Retweet • **8** Likes

@amaya_guay
¿Qué tal vuestro día? Yo estoy muy cansada. Normalmente me acuesto (6) tarde y veo la tele con mis padres, pero hoy voy a la cama ya. ¡Hasta mañana! #DíaDuro #twitterOff

21:10 • **0** Retweet • **17** Likes

@mateo12
¡Descansa @Amaya_guay! Yo voy a ducharme (7) y a cenar. Hoy también me acuesto temprano. ¡Las clases de kárate son muy divertidas pero estoy muy cansado!

21:14 • **0** Retweet • **3** Likes

3 Escucha la rutina de Mateo y ordena las actividades que hace.

 Me acuesto

 Me visto

 Chateo

 Desayuno

 *1* Me despierto

 Me ducho

Voy al colegio

 Hago los deberes

Despertarse = abrir los ojos después de dormir.

Levantarse = salir de la cama.

Escucha de nuevo el audio y responde a las preguntas en tu cuaderno.

Pista 9

1. ¿A qué hora se despierta Mateo?
2. ¿Qué hace después de la merienda?
3. ¿Cuándo se lava la cara y se viste?
4. ¿Cómo va al colegio?

> ¡Fíjate!
> Mateo está en el cole **de** ocho **a** dos y media. ¿Y tú?

Yo estoy en el colegio de .... *a* ....

4 Lee cómo se forman verbos reflexivos y completa la tabla.

	Levantarse	Ducharse	Lavarse
yo	me levanto	me ducho	
tú	te levantas	te duchas	
él, ella, usted	se levanta	se ducha	
nosotros/as	nos levantamos	nos duchamos	
vosotros/as	os levantáis	os ducháis	
ellos/as, ustedes	se levantan	se duchan	

5 ¿Cómo es tu día a día? Copia esta tabla en tu cuaderno y escribe qué actividades haces normalmente. Puedes usar el diccionario.

POR LA MAÑANA	POR LA TARDE	POR LA NOCHE
Me levanto a las...		

5.1 Comenta tus actividades con tu compañero/a y escribe las diferencias.

a. Yo **me levanto** a las seis y mi compañero **se levanta** a las seis y media.
b. ....
c. ....

¡A jugar!

6 Por equipos: un compañero/a hace con gestos una actividad diaria. El compañero del otro equipo que la adivina tiene un punto y hace otra actividad.

))) Mi cuaderno de vocabulario

> No me gusta el uniforme del colegio. ¡Todos los días me pongo la misma camiseta gris y la chaqueta azul!

> A mí sí me gusta. Me levanto y directamente me visto. ¡Sin pensar!

7 ¿Cómo te vistes? ¿Qué te pones en cada situación? Mira las imágenes y comenta con tu compañero/a.

Cuando vas al colegio   Cuando haces deporte   Cuando vas al parque

Cuando vas al cine   Cuando vas a un restaurante elegante

– Cuando voy al colegio (normalmente / siempre / a veces) me pongo un jersey verde…
– Yo normalmente me pongo …

una camisa — unas chanclas — una camiseta — un jersey — una chaqueta
una falda — unos pantalones — unos (pantalones) vaqueros — un chándal
una gorra — una sudadera — un vestido — unos zapatos — unas zapatillas de deporte

8 Escucha y escribe el nombre de cada estudiante. ¡Anota en tu cuaderno las palabras que te ayudan a adivinar quién es cada estudiante!

8.1 Escucha otra vez el audio de Yago y marca. ¿Qué dos deportes practica?

¡A jugar!

9 Busca en la clase a tres personas para cada descripción y escribe sus nombres en la tabla.

– ¿A qué hora te duchas normalmente?   – A las nueve de la noche, ¿y tú?

	Compañero/a 1	Compañero/a 2	Compañero/a 3
1. Se levanta antes de las 8:00.			
2. Se ducha siempre por la noche.			
3. Le gustan mucho los vestidos.			
4. Tiene una sudadera azul en su armario.			
5. Juega al fútbol o al baloncesto.			
6. No hace natación ni atletismo.			

treinta y uno

Mi cuaderno de gramática

10 Lee el texto y mira qué dice el monstruo.

Todos los días **me despierto** a las siete con el despertador, pero **me levanto** de la cama a las siete y cuarto :), porque prefiero estar en la cama sin hacer nada. Después voy al baño, **me ducho** con agua fría y **me lavo** los dientes. **Me seco** el pelo, **me peino** y **me visto**.

VERBOS REFLEXIVOS

Cuando usamos un verbo reflexivo, el sujeto hace la acción y a la vez recibe esta acción.

11 ¿Reflexivo o no? Observa las imágenes y después traduce a tu idioma el significado de cada frase.

El hombre <u>lava el coche</u>.

El hombre <u>se lava</u> la cabeza.

El chico <u>despierta a su hermano</u>.

La chica <u>se despierta</u>.

12 Elige la opción correcta.

1. Todos los días yo despierto / me despierto a las ocho.
2. Tomás lava / se lava su camisa a mano.
3. La madre acuesta / se acuesta a su hijo.
4. ¿Lavas / Te lavas los dientes antes de dormir?
5. Mi hermano y yo acostamos / nos acostamos a las diez.
6. Yasmin ducha / se ducha a su hija.
7. Después de ducharme, seco / me seco el pelo.
8. Marcos peina / se peina a su perro.
9. Siempre lavo / me lavo las manos antes de comer.
10. Mi padre ducha / se ducha todos los días.

Verbos "amigos de ie"

Mira la página 20 y conjuga los amigos de empezar.

<u>Verbos irregulares en presente: e >ie</u>

	Mer**e**ndar	Pref**e**rir	Desp**e**rtar**se**
yo			me ....
tú			
él, ella, usted	mer**ie**nda		
nosotros/as			nos despertamos
vosotros/as			
ellos/as, ustedes		pref**ie**ren	

13 Completa las frases con la conjugación correcta de los verbos.

1. Juan siempre .... (merendar) unas galletas y un vaso de leche a las cinco.
2. ¿Cuál .... (preferir, vosotros)? ¿La falda verde o la roja?
3. Los días del colegio mi hermano y yo .... (despertarse) a las siete y media.
4. ¿Dónde .... (preferir, ustedes) comer hoy?
5. ¿A qué hora .... (despertarse, tú) los fines de semana?

Verbos irregulares en presente: o > ue

	Acostarse
yo	
tú	
él, ella, usted	se acuesta
nosotros/as	
vosotros/as	
ellos/as, ustedes	

Verbos "amigos de ue"

Mira la página 20 y conjuga el verbo acostarse.

Verbos irregulares en presente: e > i

	Vestirse
yo	me visto
tú	.... vistes
él, ella, usted	se viste
nosotros/as	nos vestimos
vosotros/as	.... vestís
ellos/as, ustedes	

14 Fíjate bien en la conjugación y completa la tabla.

Verbos "amigos de go"

Mira y completa la tabla.

	Hacer	Salir	Ponerse
yo	hago	salgo	
tú	haces	sales	
él, ella, usted	hace	sale	
nosotros/as	hacemos	salimos	nos ....
vosotros/as	hacéis	salís	
ellos/as, ustedes	hacen	salen	

15 Completa las frases con la conjugación correcta de los verbos.

1. Yo .... (salir) de casa a las ocho para ir al colegio.
2. ¿Qué .... (ponerse, tú) cuando haces kárate?
3. Los fines de semana Gabriela y Graciela .... (acostarse) tarde.
4. Sara siempre .... (vestirse) de marrón.
5. Todos los días yo .... (hacer) la cama después de levantarme.

CONECTA2

1 Nuria tiene un blog para contar a otros chicos de su edad cómo es su día a día. Lee el blog y marca si las frases son verdaderas o falsas.

/// 5 DE SEPTIEMBRE ///

¿Qué tal chicos? Me llamo Nuria y tengo doce años. Voy en silla de ruedas, pero mi vida es muy normal. En este blog, cuento mi día a día para ayudar a otros chicos de mi edad. Aquí tienes algunas fotos: todos los días me levanto a las seis y media, me visto y voy a clase. Desayuno en casa, pero en el recreo de la mañana casi siempre como un sándwich. La chica morena de la foto es Alicia, mi mejor amiga.

/// 6 DE SEPTIEMBRE ///

¡Hola, blogueros! Hoy quiero enseñar mi vida como estudiante: voy a clase de ocho a una y media, todos los días de lunes a viernes. Mi asignatura favorita es Matemáticas, con el profesor Antonio. Me gusta ir a clase y estar con mis amigos.

/// 10 DE OCTUBRE ///

¡Tengo el blog abandonado, lo siento! Hoy hablo de mis aficiones: por las tardes, de cuatro a cinco juego al baloncesto con mi amigo Pablo. A veces, paseo a mi perrito, que se llama Júpiter. También leo cuando estoy en casa: me gustan las novelas de aventuras y la poesía. ¡Y a las diez y a las diez y cuarto siempre estoy en la cama lista para dormir!

/// EN LA PLAYA ///

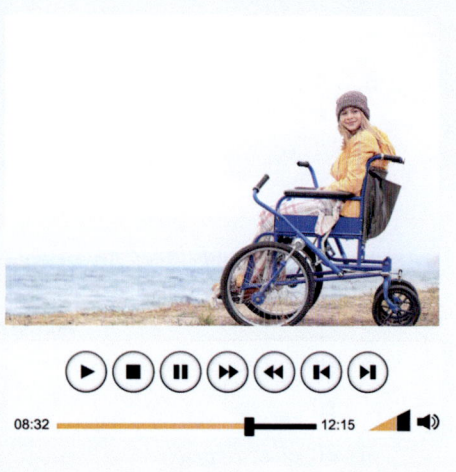

/// ENTRADAS ///

SEPTIEMBRE
_____
OCTUBRE
_____
NOVIEMBRE
_____
DICIEMBRE
_____

	V	F
1. Nuria va a clase de seis y media a una y media.	☐	☐
2. Ella escribe en el blog todos los días.	☐	☐

	V	F
3. A Nuria no le gusta hacer deporte.	☐	☐
4. Nuria tiene una mascota.	☐	☐
5. Nuria duerme de diez a seis y media.	☐	☐

1.1 El día de Nuria: ordena las acciones y escribe un texto.

- Va a clase
- Juega al baloncesto
- Come un sándwich
- Cena con su familia
- Pasea a Júpiter
- Hace los deberes
- Desayuna

- Por la mañana
- Por la tarde
- Por la noche
- Primero
- Luego
- Después

Nuria...

2. Completa las preguntas y entrevista a un compañero/a. Después, poned en común todas las respuestas y entregad los premios.

- Quien se acuesta más temprano
- Quien se levanta antes
- Quien hace más deporte
- Quien estudia más horas

¿A qué hora *te levantas*? — Hora

¿A qué hora ....? — Hora

¿A qué hora ....? — Hora

¿A qué hora ....? — Hora

Escribimos, decimos...

Pista 11

3. Escucha el audio y subraya la sílaba tónica de estas palabras:

1. chanclas   2. verdes   3. marrón
4. merendar   5. ordenador   6. zapatos

4. Lee las palabras y subraya la sílaba tónica. Después, escribe la tilde si es necesario.

1. genial   2. japones   3. sofa   4. hotel
5. cenar   6. natacion   7. dormir   8. opcion

Ortografía

Cuando la sílaba más fuerte (tónica) es la **última** de la palabra, decimos que la palabra es aguda: espa**ñol**, yo**gur**, ca**fé**.

Las palabras agudas llevan **tilde** (´) cuando:

— Acaban en **vocal**: *Perú, está.*

— Acaban en **-n** o **-s**: *francés, corazón.*

¡QUÉ INTERESANTE!

LOS REFRANES

1 Escribe el nombre debajo de cada imagen.

Boca   Corazón   Cama   Tesoro   Ojos

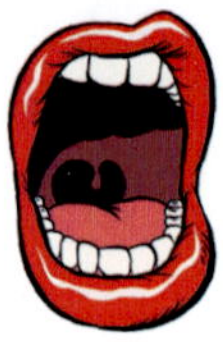

2 Lee y completa los refranes.

a. A la ……………… no te vas, sin saber una cosa más.

b. Quien tiene un amigo, tiene un ……………… .

c. ……………… que no ven, ……………… que no siente.

d. Quien tiene ……………… , se equivoca.

3 Rodea los verbos en los refranes anteriores.

tener   ir   ver   equivocarse   sentir

3.1 ¿Qué significa cada uno? Relaciona.

1. Tener es un amigo es muy importante y tiene mucho valor. _b_

2. Todas las personas pueden cometer errores. ……

3. Cuando no vemos a alguien, no nos preocupamos por él. ……

4. Es muy importante aprender algo nuevo todos los días. ……

4 ¿Existen refranes similares a estos en tu idioma?

¡REPASO!

1 Tacha la palabra diferente.

camiseta	ducharse	sudadera
jersey	desayunar	falda
zapatillas	levantarse	pantalones
por la mañana	ciclismo	chatear
por la calle	leer	hacer
por la noche	natación	salir

2 Ordena las palabras y escríbelas en tu cuaderno.

1. te / ? / hora / qué / A / levantas / ¿
2. a / ¿ / pones / la / vas/ Qué / cuando / te / playa / ?
3. ? / fines / hacer / semana / de / prefieres / los / Qué / ¿
4. ¿ / cole / ir / de / hora / A / sales / para / qué / casa / al / ?
5. meriendas / normalmente / Dónde / ¿ / ?
6. de / los / desayunas / quién / semana / Con / fines / ¿ / ?

3 Relaciona las preguntas anteriores con estas respuestas.

a. Me pongo un bikini y unas chanclas.
b. Meriendo en el cole con mis amigos.
c. Desayuno con mis abuelos.
d. Me levanto a las seis y cuarto.
e. Salgo de casa a las siete y veinte.
f. Prefiero estar en casa y descansar.

4 Completa las frases con la forma correcta de los verbos.

preferir   jugar   hacer (x2)   desayunar   vestirse   levantarse

1. Leo y yo .... natación en el polideportivo todos los sábados.
2. ¿Qué .... cenar esta noche: ensalada o sopa?
3. Me encanta el verde. Siempre .... de verde.
4. Mi hermano Yasin .... al baloncesto en el equipo del cole.
5. Yo siempre .... los deberes después de merendar.
6. Los días del colegio mi hermano y yo .... a las siete y media de la mañana.
7. ¡Me encanta el zumo! Todos los días .... un bocadillo y un vaso de zumo.

5 Relaciona, escucha y comprueba. (Pista 12)

1. Ducharse
2. Merendar
3. Hacer
4. Levantarse
5. Jugar
6. Lavarse
7. Chatear
8. Leer
9. Salir
10. Ponerse

a. las manos y la cara
b. al fútbol
c. de casa
d. ciclismo
e. con el agua fría
f. un vestido y unos zapatos
g. una novela
h. galletas y leche
i. muy temprano
j. con los amigos

6 Completa las frases.

Por la mañana yo ....
y primero ....
Después ....
Por la tarde ....
y luego ....
Por la noche ....

¡REPASO!

7 Lee los mensajes y después relaciona con el anuncio adecuado. Sobra un anuncio.

1. No me gusta levantarme temprano, ni hacer deporte. Prefiero ir a un curso por la tarde para divertirme.
2. En julio voy con el colegio a la playa, pero todavía no sé nadar.
3. Todos los días veo series chinas, ¡me encanta ese idioma! También hago un curso online, pero no tengo amigos para practicarlo aquí.
4. A mi hermana le gusta mucho viajar y hacer fotos. Mis padres tienen un regalo genial para su cumpleaños: una cámara. ¡No sé qué puedo regalarle!
5. Todos los días voy al cole, estudio mucho, hago los deberes… ¡Estoy muy estresada! Quiero hacer algo diferente por las tardes y relajarme.

A. INTERCAMBIO DE CHINO
Todos los jueves nos juntamos en la cafetería Goza a las 9 de la noche para practicar chino. Si ya sabes mucho chino o si empiezas a estudiar, ¡te esperamos!

B. CLASES DE YOGA
¿Quieres relajarte y luchar contra el estrés? Ponte tus *leggins* y ven a nuestras clases todos los días de 4 a 5. ¿Más información? ¡Llama al 458-78-49!

C. CURSO DE FOTOGRAFÍA
¿Quieres aprender a hacer fotos muy guays? Pues entonces apúntate al curso de fotografía que empieza el próximo mes. Para más información, visita nuestra página web: www.todoguay.com

D. CURSO DE GUITARRA ESPAÑOLA
¿Quieres despertarte y empezar el día de buen humor? Ven a nuestras clases de guitarra los sábados de diez a once y media de la mañana. Para más información llama 986-63-69.

E. CURSO DE NATACIÓN
Natación para jóvenes que quieren nadar en solo un mes. Los lunes, miércoles y viernes de 9 a 11 de la mañana en el polideportivo del barrio. ¡En nuestro curso haces deporte y también haces amigos!

F. CURSO DE TANGO ARGENTINO
Vestirse muy elegante, escuchar la mejor música y divertirse mucho con el baile. ¿Te apuntas? ¡El próximo jueves empieza el curso de tango argentino con la profe Ceren! Todos los jueves a las seis de la tarde.

8 Mira las fotos de estas personas. Elige una, imagina cómo es su día y escríbelo en tu cuaderno.

Agustín, el jugador profesional

Yaiza, la chica piloto

Olalla, campeona de gimnasia

Pedro, el chico rapero

Mis palabras favoritas de esta unidad
1.
2.
3.
4.
5.
6.

¡PREPARO EL DELE ESCOLAR!

TAREA DE COMPRENSIÓN LECTORA

Instrucciones

Vas a leer el siguiente correo electrónico. Lee luego las preguntas y selecciona la opción correcta A, B o C.

Nuevo mensaje

Para:
Asunto:

Hola, Sergio:

¿Qué tal? Yo ahora estoy de vacaciones, no tenemos clase hasta la próxima semana. ¡Pienso levantarme tarde todos los días! ¡Me encanta dormir!

Esta noche ponen una película muy divertida en el cine que está cerca de casa y voy a verla con mi hermana. Después vamos a comer pizza en la nueva pizzería, al lado del centro comercial.

Estoy muy emocionada: el miércoles va a ser mi primer día en la nieve, ¡qué guay! Ya tengo la maleta preparada con toda la ropa de invierno: unos jerséis, unas sudaderas, unas botas para la nieve… Además, el viaje va a ser en autobús y vamos a ver todas las montañas del Parque Nacional. Es la primera vez que me voy de vacaciones a la nieve y sin mis padres. Ellos todos los años alquilan un apartamento cerca del mar y se van en coche a la Costa Blanca, pero este año yo prefiero ir a esquiar con mis amigos.

Bueno, ya sabes que no voy a las clases de natación este jueves. Nos vemos la semana próxima.

Bea.

---

1. Bea escribe a Sergio para…
 a. decirle que va a ir pronto en las clases de natación.
 b. invitarle a esquiar durante las vacaciones.
 c. contarle lo que va a hacer en sus vacaciones de invierno.

2. ¿Dónde van a ir Bea y su hermana?
 a. a la discoteca.
 b. al cine.
 c. a esquiar.

3. ¿Cómo va de vacaciones Bea?
 a. en coche.
 b. en avión.
 c. en autobús.

4. ¿Qué va a hacer Bea esa semana?
 a. nadar.
 b. ir al colegio.
 c. esquiar.

5. ¿Cómo son las vacaciones de los padres de Bea?

MI BARRIO IDEAL

En pequeños grupos, cread una maqueta para presentar vuestro barrio ideal.

¡LLUVIA DE IDEAS!

En el cuaderno, dibujad cómo es el barrio que queréis hacer: qué cosas hay, cómo son las calles, dónde están, etc. Escribid también un texto para describir el barrio.

¡MANOS A LA OBRA!

Cread el barrio. Podéis usar cartulinas, botellas, botes de zumo, cajas… ¡imaginación al poder!

3, 2, 1… ¡ACCIÓN!

Presentad vuestro barrio al resto de la clase. También podéis grabarlo en vídeo o hacer una exposición en el colegio.

¡BRAVO!

Entre todos, elegid el proyecto de barrio que más os gusta.

42 cuarenta y dos

¡Me duele mucho!

Vamos a aprender a...

☑ Hablar de estados físicos y anímicos.
☑ Hablar de las partes del cuerpo.
☑ Dar consejos.
☑ Hablar de los libros que te gustan.

¡Empezamos!

Pista 13

1 Escucha y relaciona cada texto con la foto correspondiente.

1.
– ¿Estás bien?
– No, **me duele** la cabeza. **Tengo que** descansar un poco.

2.
– ¿Qué libros te gustan?
– Me encantan los libros de fantasía.
– **Si te gusta** la fantasía, **lee** los libros de Harry Potter. ¡Son geniales!

3.
– ¿Te duele el **brazo**?
– ¡Uf, me duele mucho! **Creo que** está roto.

4.
– Para ser un buen surfista **hay que** entrenar muchas horas al día. Mi consejo: **haz** mucho deporte y **lleva** una dieta saludable.

5.
– **Si quieres** unirte al club de patinadores, **envía** un email a info@sobreruedas.mx

cuarenta y tres **43**

¡Me duele mucho!

2 Lee y marca la respuesta correcta.

> ¡Hola, Garbiñe! ¿Qué te pasa? ¿Estás bien?

> Hola, Manu. Pues un poco regular… no duermo bien y **me duele** la cabeza. **Creo que** estoy enferma.

> **Tienes que descansar** bien por las noches y hacer más deporte por las tardes. **Puedes venir** al club de tenis si quieres, vamos todos los días de cinco a seis, ¿qué te parece?

> Tienes razón, Manu. **Hay que tener** una vida más saludable y hacer ejercicio físico. ¡Es que soy muy perezosa!

A Garbiñe le duele...

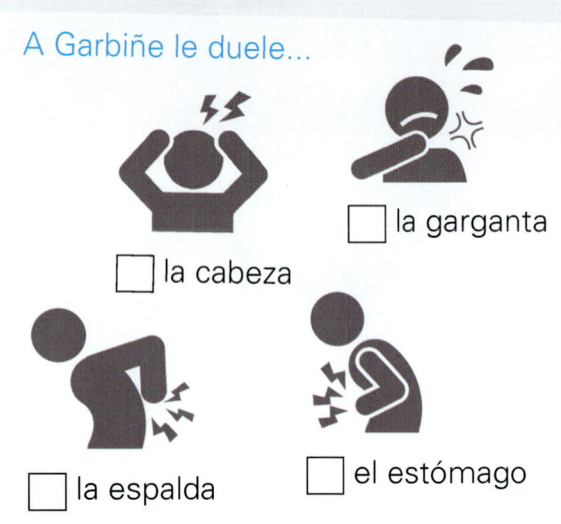

- [ ] la cabeza
- [ ] la garganta
- [ ] la espalda
- [ ] el estómago

El consejo de Manu es...

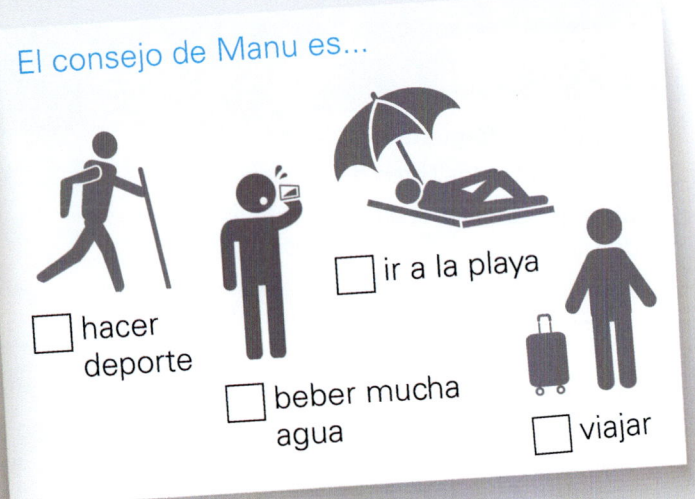

- [ ] hacer deporte
- [ ] beber mucha agua
- [ ] ir a la playa
- [ ] viajar

Pista 14

3 Escucha los diálogos y relaciona con las fotos. Después, en grupo, comentad las respuestas.

Diálogo n.º ....

Diálogo n.º ....

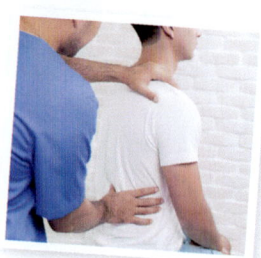

Diálogo n.º ....

Creo que…
Pienso que…

→ Cuando no estamos seguros de algo, usamos *creo que* o *pienso que*.

Doctor, **creo que** tengo la gripe.

Me duele el cuello, **pienso que** es porque estoy muchas horas con el ordenador.

44 cuarenta y cuatro

4 Mira las fotos y comenta las preguntas con tu compañero/a. ¡Puedes buscar en internet!

1. ¿Conoces a alguno de estos deportistas?

   Mireia Belmonte 4

   Pau Gasol ....

   Rafa Nadal ....

   Sandra Sánchez ....

2. ¿Qué deportes practican?

3. ¿Quién lleva…?
   - Gafas: ....
   - Gorro: ....
   - Cinturón: ....
   - Raqueta: ....

4. ¿Conoces a otros deportistas hispanohablantes? Pon un ejemplo al resto de la clase.

🔊 Pista 15

4.1 Tres de estos deportistas españoles hablan sobre sus vidas y dan consejos para ser un deportista profesional. Escucha y completa.

AUDIO 1

Nombre:
....

Consejo:
"Si quieres ser una deportista de élite, ...
....
....
.................................."

AUDIO 2

Nombre:
....

Consejo:
"Para ser un gran jugador, ...
....
....
.................................."

AUDIO 3

Nombre:
....

Consejo:
"Para ser un campeón, ...
....
....
.................................."

5 Lee y reflexiona con tus compañeros: ¿cuál es la diferencia?

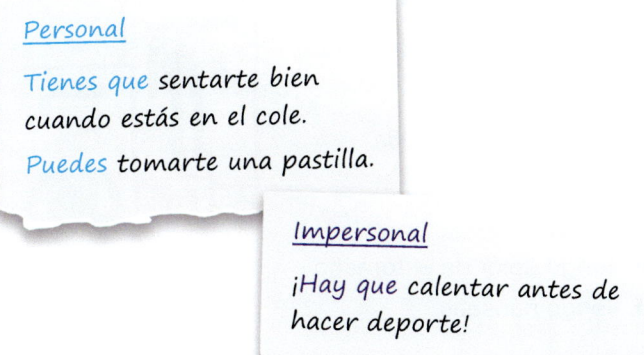

Personal

Tienes que sentarte bien cuando estás en el cole.
Puedes tomarte una pastilla.

Impersonal

¡Hay que calentar antes de hacer deporte!

5.1 En tu cuaderno, escribe un consejo para cada frase.

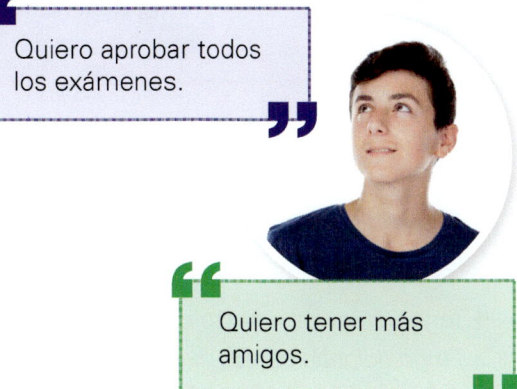

"Quiero aprobar todos los exámenes."

"Quiero tener más amigos."

Mi cuaderno de vocabulario

6 Completa con las partes del cuerpo.

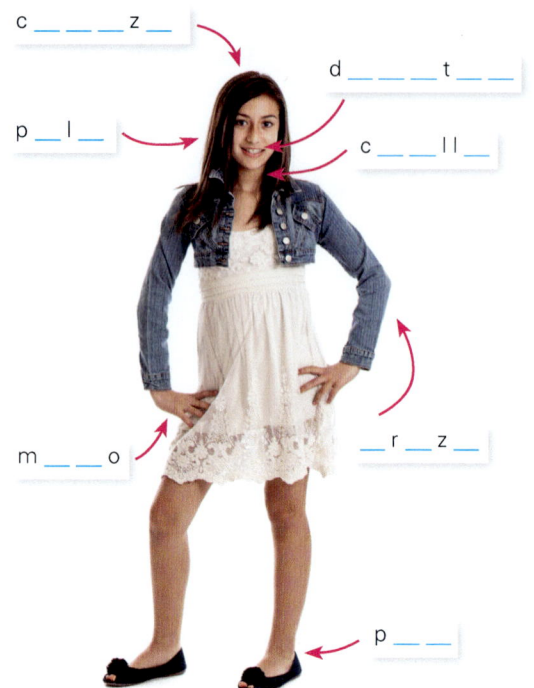

c _ _ _ z _
d _ _ _ _ t _ _ _
p _ l _
c _ _ _ ll _
m _ _ _ o
_ r _ z _
p _ _ _

c _ _ r _ _
o _ _ _
n _ r _ _ _
_ r _ j _
g _ g _ _ _ _ _
e _ p _ _ _ d _
e _ _ _ ó _ _ _ _
r _ _ _ i _ _ _

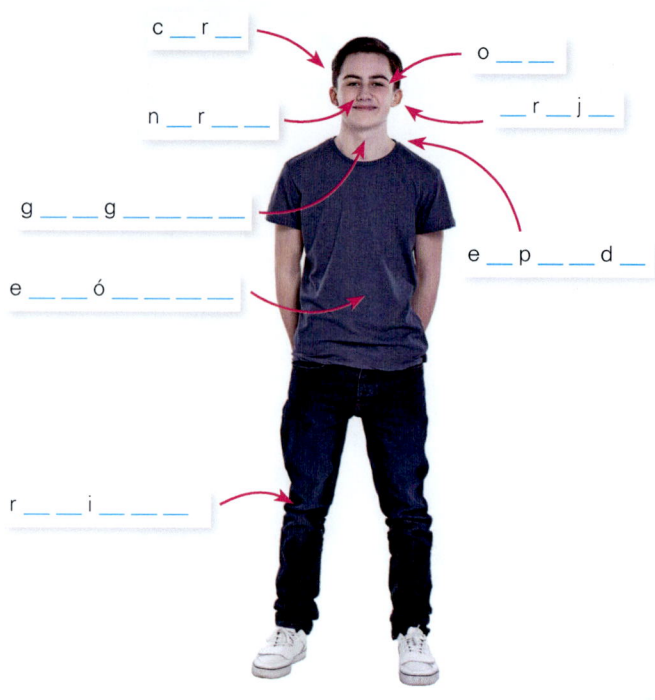

¡A jugar!

7 Por equipos: cierra el libro. Señala una parte de tu cuerpo y el otro equipo tiene que decir el nombre. Si es correcto, gana dos puntos, si falla, pierde uno. ¡Gana el equipo con más puntos!

¡Oreja!
¡Nariz!
¡No!
¡Sí, muy bien!

¡Fíjate!

→ Tengo + sensación:
 Tengo frío.   Tengo náuseas.

→ Tengo dolor de + parte del cuerpo:
 Tengo dolor de cabeza. = Me duele la cabeza.

Las partes del cuerpo

el braz**o**	la nariz	la espalda
la gargant**a**	el cuello	el pelo
la cabeza	los ojos	el estómago
la mano	los dientes	el pie
la cara	las orejas	la rodilla

8 Relaciona las frases con las imágenes.

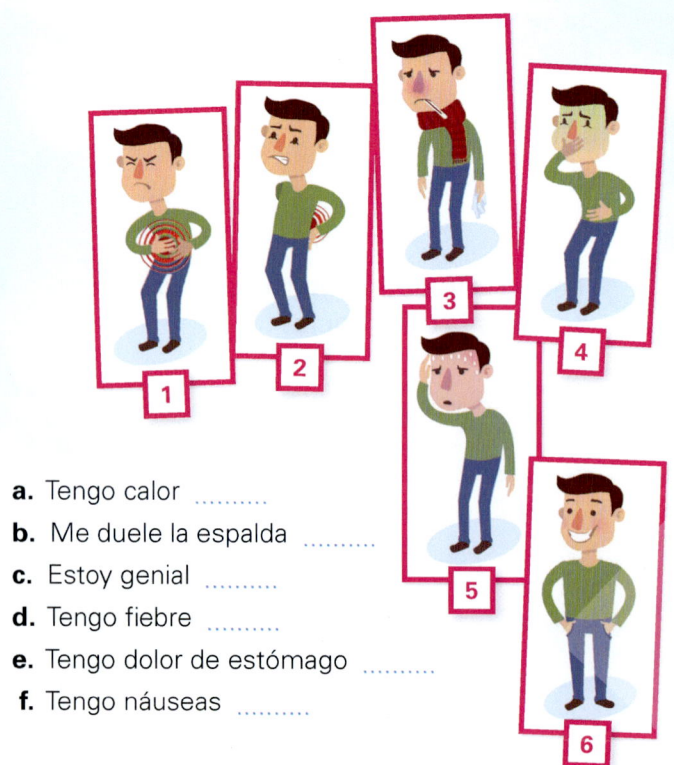

a. Tengo calor ....
b. Me duele la espalda ....
c. Estoy genial ....
d. Tengo fiebre ....
e. Tengo dolor de estómago ....
f. Tengo náuseas ....

46 cuarenta y seis

Pista 16

9 Lee cómo se dicen los estados físicos y anímicos en español. Después, escucha el audio y escribe cómo está cada persona.

Tener + sustantivo

Tiene frío.

Tiene calor.

Tiene fiebre.

Tiene sueño.

Tiene sed.

Tiene hambre.

Estar + adjetivo

Está cansado.

Está nerviosa.

Están enfadados.

1. Hugo *está cansado.*
2. Lucía
3. Adriana
4. Asier
5. Daniel

10 Mira las fotos y comenta con tu compañero/a qué crees que les pasa.

Creo que la chica de la foto 1...
Yo pienso que...

1

2

3

11 Lee el texto y completa la lista con tu consejo para tener una vida sana.

5 CONSEJOS PARA UNA VIDA SANA

1. **Come variado y natural.** Tienes que comer pequeñas cantidades cinco veces al día: frutas, verduras, legumbres… Una vez a la semana puedes comer pizza o un bollo.
2. **Bebe mucha agua.** Es muy importante beber agua, al menos un litro y medio al día. Cambia los refrescos por zumos de frutas naturales, ¡es mucho mejor!
3. **Disfruta de la naturaleza.** Haz vida al aire libre, sal a pasear por el campo, a la playa, al parque… no es bueno estar tantas horas en casa, sal y respira aire limpio.
4. **Piensa positivamente.** Para estar sano hay que cuidarse por dentro y por fuera.
5.

Mi cuaderno de gramática

> **Me duelen** los ojos. Estoy mucho tiempo con el ordenador y no es bueno.

> **Me duele** la rodilla. ¡Tengo que ir al médico después del partido!

Verbo doler: el amigo de *gustar*

	Doler	
me		
te	**duele**	**duelen**
le	+	+
nos	sustantivo	sustantivo
os	singular	plural
les		

12 Completa las frases con los pronombres y el verbo doler.

1. A mí .... los ojos cuando veo mucho la televisión.
2. Mi amigo Jon no duerme bastante, por eso .... mucho la cabeza.
3. A Eva y a mí .... la garganta, creo que es por el frío.
4. ¿.................. las manos cuando escribes mucho? ¡A mí sí!
5. A Jorge y a ti siempre .... los pies después del partido, es muy raro.
6. ¿A ustedes .... el estómago cuando comen mucho?

IMPERATIVO AFIRMATIVO. VERBOS REGULARES

Usamos el imperativo para dar órdenes, consejos y sugerencias.

	Tú	Vosotros
Verbos con la terminación –ar → **-a**	descans**a**	descans**ad**
Verbos con la terminación –er → **-e**	com**e**	com**ed**
Verbos con la terminación –ir → **-e**	abr**e**	abr**id**

> Doctora, tengo náuseas, me duele mucho la cabeza y siempre estoy cansada. No sé qué hacer.

> Tengo 3 consejos para ti: duerm**e** 8 horas al día, beb**e** mucha agua y practic**a** más deporte.

Imperativo regular 2.ª persona del singular (tú)

→ Quita la *-s* de la conjugación de presente simple.

Presente simple	Imperativo
Bebe**s**	Bebe
Practica**s**	Practica
Abre**s**	Abre

Imperativo irregular 2.ª persona del singular (tú)

→ La irregularidad de *tú* en el presente continúa en el imperativo.

Presente simple	Imperativo
C**ue**ntas	C**ue**nta
Emp**ie**zas	Emp**ie**za
Mer**ie**ndas	Mer**ie**nda

13 Escribe en imperativo.

1. Escribir (tú): ....
2. Cerrar (tú): ....
3. Llevar (tú): ....
4. Practicar (tú): ....
5. Tener (vosotros): ....
6. Beber (vosotros): ....
7. Volver (vosotros): ....
8. Cerrar (vosotros): ....
9. Abrir (tú): ....

13.1 Lee el texto de la actividad 11 "5 consejos para una vida sana", y subraya los imperativos.

IMPERATIVO AFIRMATIVO. VERBOS IRREGULARES

	Hacer	Salir	Poner
Tú	*haz	sal	pon
Vosotros	haced	salid	poned

Para hacer el imperativo afirmativo, mira la conjugación de tú en presente y quita el sufijo: pon**es** > pon.

Amigos de go

Presente simple	Imperativo
Pon**es**	Pon
Sal**es**	Sal
Hac**es**	*Haz

IMPERATIVO AFIRMATIVO. VERBOS REFLEXIVOS

" Si quieres ser un buen deportista, despiér**ta**te temprano, dúcha**te**, desayuna bien y láva**te** los dientes todos los días. Y también d**ue**rme al menos 8 horas. ¡Hay que descansar! "

Los pronombres (me, te, se....) siempre se escriben pegados al verbo.

Tú
Bañar**se** → Báña**te**
Acostar**se** → Acuésta**te**

Vosotros
En vosotros el verbo pierde la d.
Bañar**se** → Bañad + **os** → Baña**os**
Acostar**se** → Acostad + **os** → Acosta**os**

14 En cada frase hay un error. Corrígelas.

1. Chicos, lavados los dientes todos los días por la mañana y por la noche.
2. Si quieres tener un cuerpo sano, hace deporte.
3. Si tienes frío, poneste una chaqueta.
4. Por favor Azahara, lávaste las manos antes de comer.
5. Siempre llegas tarde al cole. ¡Sale 10 minutos antes de casa, por favor!
6. ¡Niños, sentados por favor! Empezamos ya la clase.

15 Lee las frases y completa con la opción más adecuada.

toma una aspirina.
tienes que beber agua.
puedes beber una tila.
dormid la siesta.
puedes abrir las ventanas.

1. Si estás muy nerviosa, ...
2. Si te duele la cabeza, ...
3. Si estáis muy cansados, ...
4. Si tienes sed, ...
5. Si tienes calor, ...

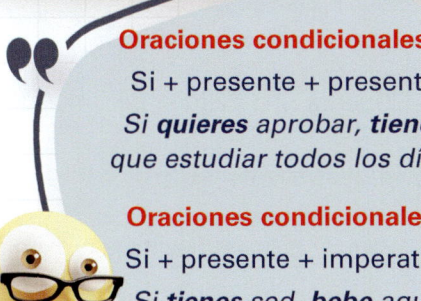

Oraciones condicionales 1
Si + presente + presente
Si **quieres** aprobar, **tienes** que estudiar todos los días.

Oraciones condicionales 2
Si + presente + imperativo
Si **tienes** sed, **bebe** agua.

CONECTA2

1 Lee las preguntas y comenta con tus compañeros.

BOOKTUBERS...

1. de terror
2. de aventuras
3. cómics
4. románticos
5. de fantasía

- ¿Te gusta leer? ¿Qué tipo de libros lees?
- Relaciona las imágenes con los tipos de libros.
- ¿Cuál es tu libro favorito? ¿De qué trata?
- ¿Sabes lo que es un *booktuber*? ¿Conoces alguno? ¿Sigues en tus redes sociales a algún *booktuber* o algún *influencer* amante de los libros?

Si quieres ver a dos *booktubers* en español, escanea estos códigos.

2 Lee y después escucha a Vega, una *booktuber* muy famosa. Estas son sus recomendaciones.

Pista 17

LA LOCA DE LOS LIBROS ///

¡Hola, chicos! Bienvenidos a mi canal "La loca de los libros". Soy Vega y en el vídeo de esta semana quiero hacer recomendaciones para todos los gustos.

Si eres un amante de la fantasía, la imaginación y las aventuras, lee "La historia interminable". ¡Hay un dragón que vuela!

Si tus favoritos son los libros de miedo y misterio, tienes que leer "El retrato de Dorian Gray", la historia de un cuadro muy especial. Creo que es un libro que gusta a todos los lectores.

Si te gusta un poco de todo, compra "La princesa prometida". Cuenta una historia de amor con muchas sorpresas: aventuras, piratas, gigantes... ¡además tiene mucho humor!

Y por último, si prefieres los cómics, lee "Detective Conan", las divertidas aventuras de un inteligente detective que lucha contra el crimen. ¡Tienes que leerlo!

¿Te gustan mis vídeos? Suscríbete a mi canal y sigue todas mis redes sociales. ¡Hasta la próxima!

2.1 Subraya las recomendaciones de Vega. ¿Qué verbos utiliza? Comentad en clase.

3 Lee la descripción de estos dos *booktubers*. Después, escribe quién crees que hace cada recomendación. Comenta tu respuesta con tu compañero/a.

Andrés
deportista, viajero, romántico

Elena
vegetariana, ecologista, aventurera

Recomendación	Quién la hace
Parques y zonas verdes. Si quieres conectar con la naturaleza, lee "Más vegetales, menos animales". ¡Hay que cuidar nuestro planeta y nuestra salud!	
Si tienes poco tiempo y quieres ver muchas ciudades, compra la "Guía de los viajeros": en ella están los mejores lugares para visitar. ¡Es genial!	
Mi libro favorito se llama "Montañas". Me encantan las maravillosas fotografías y las fantásticas historias de montañeros y alpinistas.	
Mi libro favorito se llama "Crepúsculo" y es una historia de amor entre vampiros. Hay un poco de fantasía y de terror. ¡Tienes que leerlo!	

Escribimos, decimos...

Pista 18

4 Escucha el audio y rodea la sílaba tónica de cada palabra.

1. deporte   2. nariz   3. cabeza
4. calor   5. fiebre   6. terror

5 Lee las palabras y subraya la sílaba tónica. Después, pon la tilde si es necesario.

1. facil   2. cabeza   3. futbol
4. brazo   5. libro   6. frio

6 Escribe tres palabras llanas que conoces y no están en esta página.

....

3.1 ¡Ahora tú! Escribe en un papel los títulos de dos libros que recomiendas. Después, entrega el papel a tu profesor/a. El profesor/a reparte los papeles y tienes que adivinar de quién es el papel que recibes.

Ortografía

Las palabras llanas / graves

Cuando la sílaba tónica es la **penúltima** de la palabra, decimos que la palabra es llana (o grave):

*ma*no, *chán*dal, *lá*piz.

Las palabras llanas llevan **tilde** (´) cuando acaban en consonante, menos -*n* y -*s*.

cabeza: vocal → sin tilde
orejas: consonante -*s* → sin tilde.
móvil: consonante → con tilde.

En español, la mayoría de las palabras son llanas.

¡QUÉ INTERESANTE!

1 ¿Conoces estas palabras? Relaciona.

Espejo ...... Peluche ...... Herradura ...... Trébol ......

Tijeras ...... Gato ...... Velas ......

2 ¿Sabes qué son las supersticiones? Lee estas frases y completa con una palabra de la actividad anterior. Después, comenta si crees que trae buena o mala suerte.

1. Si encuentras un .... de cuatro hojas, te trae buena / mala suerte.

2. Si quieres tener buena / mala suerte, pon una .... detrás de tu puerta.

3. Si un .... negro pasa por tu camino, te trae buena / mala suerte.

4. Si quieres tener buena / mala suerte, apaga todas las .... de un soplido.

5. Si rompes un ...., te trae buena / mala suerte.

6. Si quieres tener buena / mala suerte, duerme con un ....

7. Si dejas las .... abiertas, te trae buena / mala suerte.

3 Hay una superstición falsa en la actividad anterior. ¡Adivina cuál es!

4 ¡Ahora tú! Piensa en una superstición de tu país y escríbela en español. Puedes consultar el diccionario o preguntar a tu profesor/a.

¡REPASO!

1 Añade tres palabras más en cada casilla.

Partes de la cabeza	Partes del cuerpo	Adjetivos	Sensaciones
Ojos	*Brazos*	*Cansado*	*Náuseas*

2 Completa las frases con la forma correcta de los verbos *estar* o *tener*.

1. Leo y yo .... natación en el polideportivo todos los sábados.
2. Si .... cansado, puedes ir a tu casa y descansar.
3. Mamá, ... mucho frío, ¿dónde está mi chaqueta azul?
4. .... naúseas y dolor de estómago. Creo que .... enfermo.
5. Mira la cara de David… Creo que .... muy enfadado.
6. Arnau, ¿........................... hambre? ¿Quieres ir conmigo a la pizzería nueva?

3 ¿Qué te duele? Responde a las preguntas.

1. ¿Qué te duele cuando bailas mucho? ....
2. ¿Qué te duele cuando te sientas mal en la silla? ....
3. ¿Qué te duele cuando ves mucho la tele? ....
4. ¿Qué te duele cuando gritas mucho? ....
5. ¿Qué te duele cuando no duermes bien? ....

4 Completa con los verbos entre paréntesis en imperativo.

"Por favor, (cerrar, tú) .... la ventana. Hay mucho ruido en la calle."

"(Abrir, vosotros) .... el libro por la página 25."

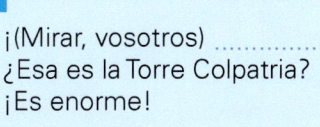

"¡(Mirar, vosotros) ....! ¿Esa es la Torre Colpatria? ¡Es enorme!"

"¡(Ordenar, tú) .... ahora mismo tu habitación!"

cincuenta y tres 53

5 Completa con la frase adecuada. Después escucha y comprueba.

- tienes que ir al médico.
- tienes que comprarte una cama más cómoda.
- hay que llevar una vida sana.
- tienes que dormir más horas.
- Hay que pensar positivamente.

1. Si estás enferma, ...
2. .... para ser feliz.
3. Si te duele la espalda todos los días, ...
4. Si siempre tienes sueño en el cole, ...
5. Para no tener problemas de salud, ...

6 Lee los enunciados (1-6) y los ocho textos (A-H). Selecciona el texto que corresponde a cada enunciado. Sobran dos textos.

1. No puedes hablar por el móvil.
2. Las clases son tres días a la semana.
3. Hay que enviar un mensaje por email.
4. Es durante el fin de semana.
5. Tienes que apuntarte en la segunda planta.
6. No hay toallas.

A. ¡EN FORMA!
Clases de aeróbic los lunes, miércoles y viernes de 17:00 a 18:00, en el aula multiusos de la primera planta.

B. PABLO ALBORÁN EN CONCIERTO
Ven y compra ya tus entradas. Si compras tu entrada antes del 15 de mayo, te regalamos una camiseta del concierto.

C. CURSO DE FOTOGRAFÍA
¿Quieres aprender a hacer fotos muy guays? Pues entonces apúntate al curso de fotografía que empieza el próximo mes. Para más información, visita nuestra página de web: www.todoguay.com

D. CLUB DE BALONCESTO
¿Quieres participar en el club de baloncesto del cole? Envía un correo a clubbasket@queguay.es con tu nombre, apellidos y edad.

E. CARRERA SOLIDARIA
Participa en la carrera solidaria: ayuda y ponte en forma al mismo tiempo.
Recoge tu dorsal gratis en el aula 6 de la segunda planta.

F. EQUIPO DE WATERPOLO
Buscamos jugadores o jugadoras para el equipo. Trae tu bañador y muchas ganas de pasarlo bien. Todos los jugadores reciben gorro y toallas gratis.

G. CLUB LA MANZANA VERDE
Si quieres bajar de peso, aprende a comer sano. En nuestro club compartimos ideas y recetas de comida saludable. Sábados y domingos por la mañana.

H. CLUB DE LECTURA
Sábados por la mañana en la playa, al lado de la heladería. Trae tu toalla y conoce a otros chic@s enamorados de la lectura.

Mis palabras favoritas de esta unidad

1. .... 4. ....
2. .... 5. ....
3. .... 6. ....

Un plan muy guay

Vamos a aprender a...

- ☑ Expresar y preguntar por planes y deseos.
- ☑ Preguntar por el conocimiento de algo.
- ☑ Invitar y aceptar / rechazar invitaciones.
- ☑ Hablar del tiempo atmosférico.

»» ¡Empezamos!

Pista 20

1 Escucha y relaciona cada texto con la foto correspondiente.

1.
– Mañana **va a hacer calor**, ¿vamos a la playa?
– ¡Genial! Yo puedo llevar mi kayak, **¿no?**
– ¡Qué buena idea!

2.
– **¿Quieres venir** a comer a mi casa el viernes? Mis padres hacen una paella buenísima.
– El viernes **no puedo, pero** el sábado sí.

3.
– Mateo, **¿conoces** Colombia?
– Sí, **conozco** muy bien este país porque mi abuelo es de Bogotá y en otoño siempre voy a visitarlo.

4.
– Este verano quiero ir a Chile pero no sé cómo es el clima allí.
– Pues en esta época, en Chile **hace mucho frío y nieva.** Puedes ir a esquiar en las montañas, si te gusta.

5.
– **¿Por qué no vamos a** Sevilla a la Feria de Abril? Podemos visitar las casetas y bailar sevillanas.
– ¡Sí! ¡Qué idea más guay!

cincuenta y cinco 55

››› Un plan muy guay

2 En el tablón del cole hay planes muy guay para hacer este verano. Lee los planes y, después, relaciona.

1. NOCHE DE CAMPAMENTO EN LA PEDRIZA
¿Quieres pasar una noche bajo las estrellas? ¡Ven al campamento de verano DiverCampus! Todos los sábados y domingos de julio te esperamos en el Centro de Visitantes de La Pedriza a las 20:00. ¡Apúntate ya!

2. ZOMBIE TOUR
¿Quieres conocer las historias más oscuras de la ciudad? Ven al Zombie tour de Ciudad Juarez, te esperamos todas las noches a las 22:00 en la puerta de la catedral. ¡Vas a morir de miedo!

3. DÍA CON LOS ANIMALES EN CABÁRCENO
Picnic y visita al Parque Natural de Cabárceno, donde los animales viven en libertad y cuidamos a las especies protegidas. ¡Aprende más sobre los animales y la naturaleza!

4. AVENTURA Y TIROLINAS EN MONTEVERDE
Empieza el verano y hace mucho calor. Ven y pasa un día de aventura en la naturaleza por solo 15 €. ¡Vive esta experiencia a 1000 metros de altura!

5. ¡DESCUBRE LA REALIDAD VIRTUAL CON TUS AMIGOS!
Si quieres ser un superhéroe o pasear por el espacio... ¡Ven con tus amigos a Avatar Experience! En mayo abrimos una nueva sala de realidad virtual en el centro de Montevideo.

6. ESPECTÁCULO DE MAGIA EN EL TEATRO MUNICIPAL DE LIMA
Si te gusta la magia y la fantasía, este es tu plan perfecto. Dos horas y media de emoción y diversión para todos los públicos.

2.1 Relaciona: ¿de qué país es cada anuncio? Si necesitas ayuda, busca en internet.

Perú   España (x2)   Uruguay   México   Costa Rica

2.2 Lee de nuevo los planes y subraya los imperativos que encuentras. Después, compara tu lista con la de tu compañero. ¿Quién tiene más verbos en su lista?

2.3 Lee las frases y une cada invitación con la respuesta correspondiente.

1. ¿Vamos mañana al Parque de Cabárceno?

2. ¿Tienes planes para el sábado por la noche? ¿Por qué no vamos al Zombie Tour?

3. Mis amigos y yo vamos a ir a Avatar Experience, ¿te apetece venir?

a. Sí, me apetece mucho. Me encantan los juegos de realidad virtual.

b. ¡Me parece genial! Me encantan los animales.

c. El sábado no puedo, lo siento. Vienen mis tíos a cenar a casa.

2.4 De la actividad 2, ¿cuál es tu plan favorito? ¿Por qué? Busca en la clase a dos compañeros/as con el mismo plan que tú.

Mi plan favorito es ....

porque ....

Compañeros/as con el mismo plan

1. ....
2. ....

3 Escucha el audio y marca quién hace cada actividad.

Pista 21

	Romina	Emma	Lucas
Van a ir a la playa.			
Quiere ir al centro comercial.			
Va a una fiesta.			

4 Lee y aprende.

→ Para hablar de nuestros planes utilizamos:

Ir a + infinitivo

Voy a ir al cine el domingo con mis amigos. (Plan)

A partir de mañana *voy a hacer* más deporte.

→ Para hablar de nuestros deseos:

Querer + infinitivo

El próximo sábado *queremos ir* al concierto de Drake.

4.1 ¿Y tú? ¿Qué planes y deseos tienes?

El fin de semana ....

En verano ....

4.2 Dibuja en la pizarra un plan y tus compañeros tienen que adivinar de qué se trata. También podéis jugar en parejas o pequeños grupos y dibujar en un papel.

— ¡Ir al cine! — No   — Ir al teatro — Sí

Mi cuaderno de vocabulario

5 Escucha el diálogo. Después, escucha el nombre de los meses y de las estaciones y repite.

Pista 22

> Este verano vamos a ir a Cuba. ¡Playa todo el mes de agosto! ¡Qué guay!

> ¡Qué casualidad! Nosotras vamos en invierno, para celebrar la Navidad.

5.1 Contesta a las preguntas en tu cuaderno. Después, comenta con tus compañeros.

a. ¿Con qué meses corresponden las estaciones en tu país?

En mi país, el invierno es de noviembre a enero.

b. ¿Con qué estación relacionas estas palabras? ¿Por qué?

Relaciono la lluvia con la primavera, porque...

c. Completa las frases con los meses.

1. Mi cumpleaños es en ....
2. La fiesta nacional de mi país es en ....
3. Tengo vacaciones en ....
4. El cumpleaños de mi mejor amigo/a es en ....
5. En mi colegio, las clases empiezan en .... y terminan en ....

6 Relaciona las imágenes con las frases sobre el tiempo. Después, escucha y comprueba.

Pista 23

 A  B  C  D  E  F  G  H

1. Hace sol ....
2. Hace viento ....
3. Hace calor ....
4. Hace frío ....
5. Hay tormenta ....
6. Está nublado ....
7. Está lloviendo ....
8. Está nevando ....

7 Mira las fotos y responde: ¿cuáles crees que son los planes de estos chicos? ¿En qué estación o mes realizan estas actividades? Justifica tus respuesta.

Álvaro   Verónica   Úrsula

¡A jugar!

7.1 ¿Qué planes tienes tú? Escribe dos planes verdaderos y dos falsos. Después, tu compañero tiene que adivinar cuáles son verdaderos y cuáles no. Puedes usar *querer + infinitivo* e *ir a + infinitivo*.

> **¡Recuerda!**
> Yo creo que…
> Yo pienso que…

Escribimos, decimos...

8 Escucha el audio y rodea la sílaba tónica de cada palabra. Después, escribe la tilde si es necesario.

1. sofa 2. azucar 3. dificil 4. lunes 5. sabado
6. fisica 7. español 8. calor 9. mano 10. estomago

9 Escribe tres palabras esdrújulas que conoces y no están en esta página.

....

10 Corrige los errores en el texto. Fíjate bien en las tildes.

Todos los miercoles tengo clase de Matematicas a primera hora y despues tengo clase de español. El español es muy facil, aprendemos muchas cosas sobre la lengua, como por ejemplo las silabas tonicas de las palabras. Tambien aprendemos sobre la cultura de los paises hispanos, como Mexico, Chile o Peru.

Ortografía

Las palabras esdrújulas

Cuando la sílaba tónica es la **antepenúltima** de la palabra, decimos que la palabra es esdrújula:

*es**drú**jula, **miér**coles, **Mé**xico, Ca**bár**ceno, **Úr**sula.*

Las palabras esdrújulas **siempre** llevan tilde.

cincuenta y nueve 59

Mi cuaderno de gramática

VERBOS IRREGULARES EN PRESENTE. IR Y VENIR

	Ir	Venir
yo		
tú		
él, ella, usted		
nosotros/as		
vosotros/as		
ellos/as, ustedes		

11 Completa la conjugación de los verbos *ir* y *venir*.

van   vengo   voy   vas   viene   venís   vais   va   vienes   venimos   vienen   vamos

El verbo *ir* indica movimiento hacia un destino diferente al lugar del hablante.

"El sábado voy a la playa".

Hablante → Verbo ir → Destino

El verbo *venir* indica que el destino es el lugar donde está el hablante.

"El sábado viene a la playa".

Destino ← Verbo venir ← Hablante

12 Completa los diálogos con la forma correcta de los verbos *ir* o *venir*.

1. **Betty:** Cova, yo hoy .... a comer sushi, ¿te apuntas?
   Cova: Lo siento, no puedo. Soy alérgica al pescado.

2. **Bélen:** Javi, después de clase nosotras .... a la heladería, ¿te apuntas?
   Javier: ¡Claro! ¿A qué hora .... a coger el autobús?

3. **Anita:** Marta, está lloviendo y hace frío. ¿Por qué no .... a mi casa a ver una pelí?
   Marta: ¡Buena idea! Ahora mismo .... para tu casa.

4. **Gabriel:** ¡Qué sorpresa verte aquí! ¿Por qué no .... al *skate park* con nosotros?
   Iker: Lo siento, no puedo. Esta semana tengo un proyecto de Ciencias Naturales y .... a la biblioteca a estudiar todos los días.

Soy alérgico a... = no puedo comer algo.

60 sesenta

OBJETO DIRECTO (LO / LA / LOS / LAS)

Usamos los pronombres del objeto directo para no repetir la misma palabra en otra frase.

Por ejemplo

¿Quién compra el billete?
Daniel lo compra.

¿Conoces la ciudad?
Sí, la conozco.

¿Tienes los pasaportes?
Sí, los tengo.

¿Tienes las entradas del cine?
No, no las tengo.

¡Ojo!

lo: masculino singular
(el libro, el coche, un billete, un lápiz...)

la: femenino singular
(la falda, la maleta, una goma, una pera...)

los: masculino plural
(los libros, los coches, los billetes, unos lápices...)

las: femenino plural
(las faldas, las maletas, unas gomas, unas peras...)

13. Lee la pregunta y elige la opción correcta.

1. ¿Tienes el carnet de la biblioteca? Sí, lo / la / los / las tengo en la mochila
2. ¿Dónde pones los libros? Lo / La / Los / Las pongo en la estantería.
3. ¿Quién hace la comida en tu casa? Mi padre lo / la / los / las hace siempre.
4. ¿Conoces a Maribel? No, no lo / la / los / las conozco.
5. ¿Comes verduras normalmente? Sí, lo / la / los / las como todos los días
6. ¿Véis la cafetería al lado del parque? No, no lo / la / los / las vemos.

14. Corrige las frases.

1. Este fin de semana yo voy ir a Huelva con mis padres.
2. ¿Quieres bailas salsa?
3. ¿A dónde vas a vas el próximo miércoles?
4. Mis primos y yo querer jugar al fútbol.
5. ¿A qué hora queréis coméis?
6. En verano Santi y yo vamos hacer natación en el polideportivo del barrio.
7. El próximo martes Pepe y Lola van ir de excursión a Toledo.
8. Los estudiantes no quieren a hacer los deberes.

Perífrasis: ir a + infinitivo, querer + infinitivo

→ Para hablar de planes que tenemos utilizamos **ir + a + infinitivo**.

Esta tarde **voy a ir** al centro comercial con mis amigos.

En vacaciones **vamos a ir** a Bogotá. ¡Me encanta Colombia!

→ Para hablar de deseos utilizamos **querer + infinitivo**.

Quiero tomar un helado. ¿Tú qué quieres: un helado o un zumo?

Nosotros **queremos estudiar** español para viajar a América central.

sesenta y uno

CONECTA2

1 **MadridPlanGuay es una *app* para ver qué planes hay en Madrid cada fin de semana. Mira la imagen y completa la tabla.**

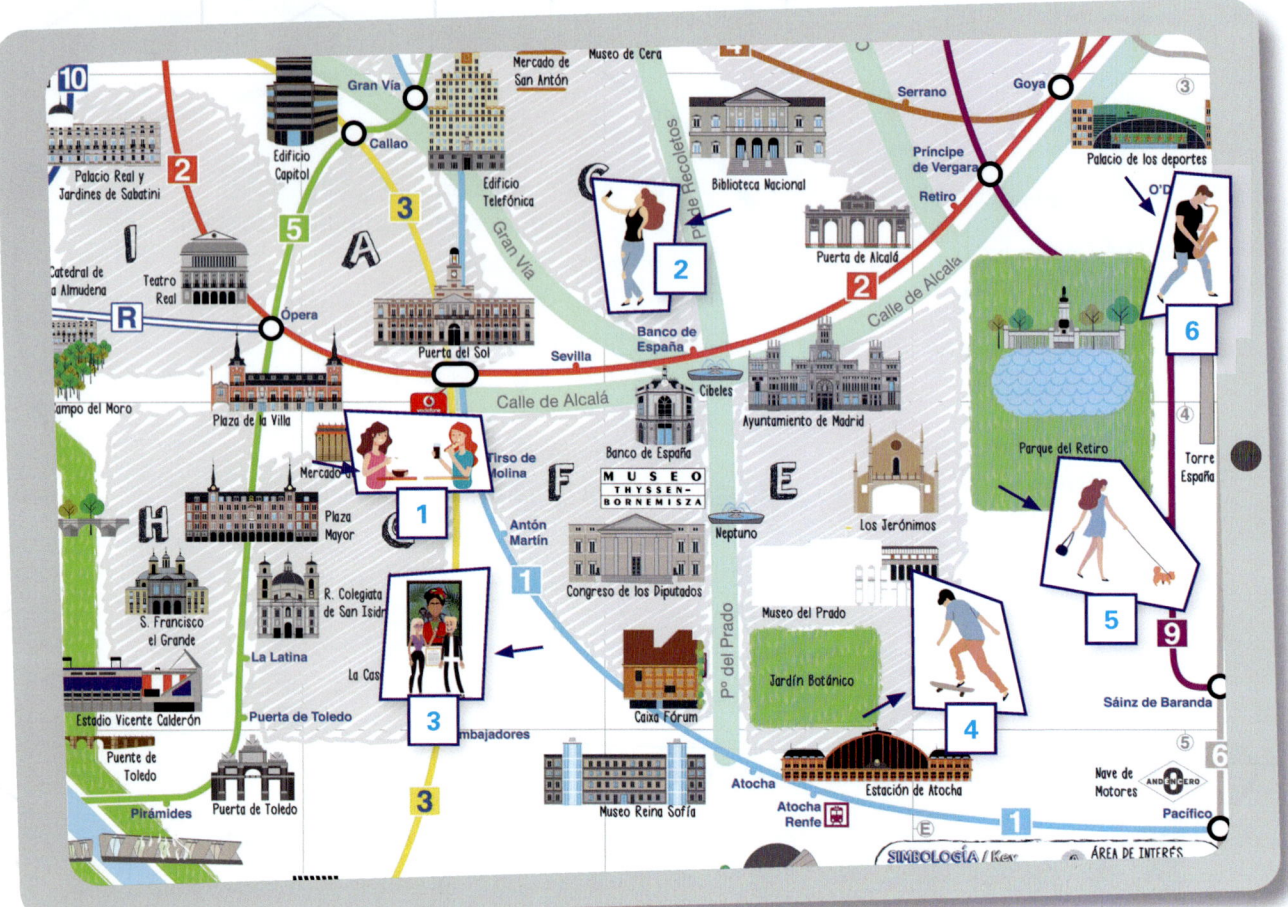

Plan	¿Dónde?	Imagen
a. Ir de tapas.		
b. Pasear mascotas.		
c. Ver una exposición.	En Caixa Forum	3
d. Patinar con *skate* o con patines.		
e. Quedar para hacer fotos.		
f. Ir a un concierto de *jazz*.		

1.1 **Lee estos anuncios en la *app*. ¿A qué planes corresponden?**

Hora de encuentro: 16:00.

Cómo llegar: sal de la Estación de Atocha por la derecha y sube por el Paseo del Prado. La sala de exposiciones está a la izquierda, enfrente del Jardín Botánico.

Precio: 5 euros. 3 euros para estudiantes.

Hora de encuentro: 19:30.

Cómo llegar: si estás en el Ayuntamiento, gira a la derecha por la calle Alcalá y sigue todo recto. El Palacio está a la derecha, cerca de la calle Goya.

Precio: 10 euros (de pie) / 15 euros (sentados)

Dar indicaciones

Sigue recto →

Gira a la derecha ⌐

Gira a la izquierda ⌐

2 Laura, Borja y Marcela van a hacer planes. Escucha su conversación y marca las frases que oyes.

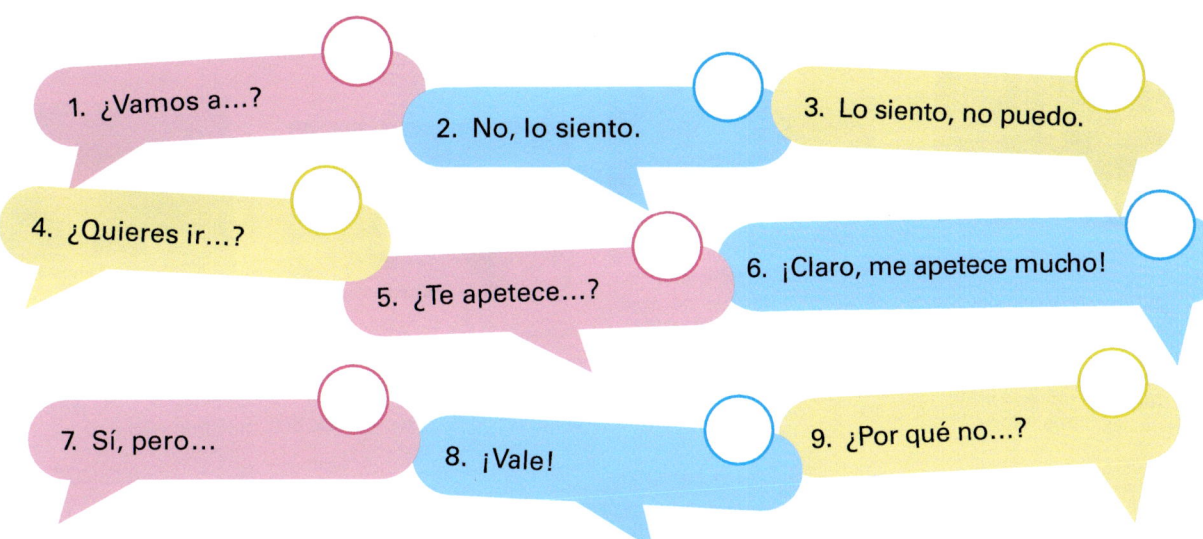

1. ¿Vamos a...?
2. No, lo siento.
3. Lo siento, no puedo.
4. ¿Quieres ir...?
5. ¿Te apetece...?
6. ¡Claro, me apetece mucho!
7. Sí, pero...
8. ¡Vale!
9. ¿Por qué no...?

2.1 Clasifica las nueve frases anteriores en esta tabla.

Proponer planes	¿Vamos a...?,
Aceptar planes	
Rechazar planes	

3 Busca o inventa un plan para hacer en tu ciudad este mes. Después, entre todos, decidid qué plan es el más divertido y el más saludable.

#UnPlanGuayEnMiCiudad

Puedes poner cuál es el plan, qué vais a hacer, la hora, el precio, dónde es, cómo llegar...

Creo que el plan más saludable es

Escrito por

Para mí, el plan más divertido es

Escrito por

¡QUÉ INTERESANTE!

EL ORIGEN DEL NOMBRE DE LOS MESES DEL AÑO

1 Lee los textos y escribe el nombre de cada mes.

No sabemos el origen del nombre de este mes. Algunos dicen que viene del verbo latino *aperire* (abrir), porque en este mes la primavera abre la tierra, las flores, etc.

Este mes viene del latín *januarius* y toma su nombre del dios romano "Jano". Es el dios de las puertas, los principios y los finales. ¿Cuál es el primer mes del año?

Su nombre viene del nombre del emperador *Iuilius Caesar*, es decir, Julio César, porque él nace en este mes.

Muchas personas piensan que este mes toma su nombre de la diosa Juno, la diosa romana del matrimonio y reina de los dioses.

El nombre de este mes viene del calendario romano. En ese calendario, es el octavo mes, que en latín se dice *october* (octavo). Después, los romanos añaden julio y agosto.

En la época romana, este es el mes de las fiestas en honor al dios Marte. Marte es el dios de la guerra.

El nombre de este mes también es romano. En ese calendario, es el décimo mes (¡en el calendario romano no está julio, ni agosto!)

Este mes toma su nombre de las *Februa*, el festival romano de purificación que los antiguos romanos celebran el segundo mes del año.

Este mes toma su nombre de la diosa romana Maia, que es la diosa de la salud. Algunos dicen que su nombre viene de la palabra en latín *majorum*, que significa mayores.

Su nombre viene del nombre del emperador romano Augusto Octavio. Los romanos dan ese nombre al octavo mes del año.

Su nombre también viene del latín. En ese calendario, es el séptimo mes del año. Actualmente, es el noveno mes del calendario.

Este mes toma su nombre del latín *novem*, el noveno mes del calendario romano. En el calendario actual, es el penúltimo mes del año.

2 Las foto de la actividad 1 son fiestas que se celebran en el mundo hispanohablante. En parejas, relacionad las fotos con las fiestas. Si tenéis dudas, podéis buscar en internet.

- Feria de Abril (España) • San Juan (España) • La Mama Negra (Ecuador) • Noche de Reyes (España)
- Fiesta de La Tirana (Chile) • Fiestas del Pilar (España) • Día de los Muertos (México)
- Nochevieja (España) • Las Fallas (España) • Carnaval (España) • Día de la Madre (Costa Rica)
- Festival del Manito (Panamá)

3 En pequeños grupos, elegid una de las fiestas anteriores y haced una pequeña presentación.

¿Qué fiesta es? ¿Dónde se celebra? ¿Cuándo se celebra? ¿Qué se celebra? ¿Cómo es la fiesta?

¡REPASO!

1 Escribe dos palabras o dos frases más en cada lista.

Frío	Verano	Está lloviendo
Calor	Otoño	Está nevando
....	....	....
....	....	....

2 Completa.

ANTES — Abril / Octubre / Julio — DESPUÉS

3 Completa las frases con los pronombres de objeto directo (lo, la, los, las).

1. – ¿Puedes cerrar las ventanas, por favor?
   – Lo siento, no .... puedo cerrar. Hace mucho calor hoy y el aire acondicionado no funciona.

2. – Chicos, ¿compráis vosotros los platos de plástico para la fiesta?
   – Sí, ... compramos nosotros.

3. – ¿Comes fruta todos los días?
   – Sí, ... como todos los días.

4. – ¿Sabes el número del móvil de Asun?
   – Sí, ... tengo apuntado en mi móvil. Es el 628 00 00 97.

5. – ¿Ves la serie "Pokémon"?
   – No, no .... veo. Prefiero ver series coreanas.

4 Elige la opción correcta.

1. – ¿Por qué no vienes / vas a mi casa hoy a hacer los deberes?
   – Hoy no, está nevando y hace mucho frío. ¿Te parece bien si voy / vengo mañana?

2. – ¿A dónde vas / vienes a ir este fin de semana?
   – Este fin de semana voy / vengo a ir al concierto de Rosalía.

3. – ¿Cuándo vamos / venimos a hacer una barbacoa en el jardín de mi casa?
   – Si quieres, este fin de semana voy / vengo a tu casa y la hacemos. ¡Pero de verduras, eh! Que yo soy vegetariana.

5 Completa los diálogos. Después, escucha y comprueba. *(Pista 26)*

1. – ....
   – El miércoles no puedo, porque tengo clase de salsa ese día.

2. – ....
   – ¡Me parece genial! ¿Compramos las entradas?
   – ¡Ya las tengo! No necesitas comprar nada.

3. – ....
   – Sí, también me apetece mucho.

> Marbel, ¿quieres ir al concierto de J Balvin este sábado?

> Dani, ¿por qué no vamos a comer un helado ahora? Tengo muchas ganas...

> ¡Oye Susana! ¿Sabes que ya está la peli de superhéroes en el cine del centro comercial? ¿Por qué no la vemos este miércoles?

¡REPASO!

6 ¿Qué van a hacer estos chicos en vacaciones? Mira las imágenes y escribe.

Paco y Carlos

Sofía y yo

Tú

....

....

....

7 Lee el texto. Después, marca si las frases son verdaderas o falsas.

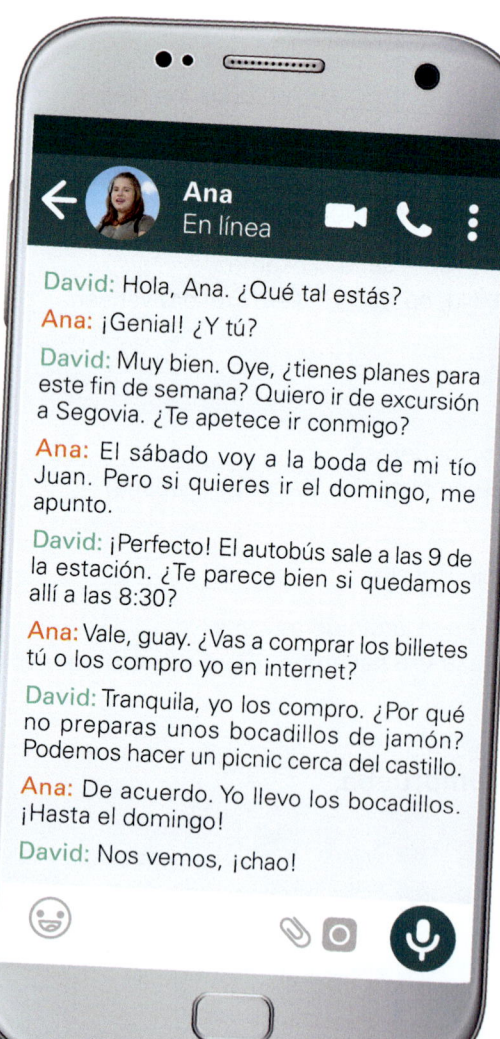

Ana En línea

David: Hola, Ana. ¿Qué tal estás?

Ana: ¡Genial! ¿Y tú?

David: Muy bien. Oye, ¿tienes planes para este fin de semana? Quiero ir de excursión a Segovia. ¿Te apetece ir conmigo?

Ana: El sábado voy a la boda de mi tío Juan. Pero si quieres ir el domingo, me apunto.

David: ¡Perfecto! El autobús sale a las 9 de la estación. ¿Te parece bien si quedamos allí a las 8:30?

Ana: Vale, guay. ¿Vas a comprar los billetes tú o los compro yo en internet?

David: Tranquila, yo los compro. ¿Por qué no preparas unos bocadillos de jamón? Podemos hacer un picnic cerca del castillo.

Ana: De acuerdo. Yo llevo los bocadillos. ¡Hasta el domingo!

David: Nos vemos, ¡chao!

	V	F
1. Ana no puede ir el sábado porque tiene el curso de salsa.	☐	☐
2. Los chicos van a ir a Segovia en autobús.	☐	☐
3. Ana va a comprar los billetes en la estación de autobuses.	☐	☐
4. El autobús llega a Segovia a las nueve.	☐	☐
5. Ana va a llevar unas magdalenas para el picnic.	☐	☐

Mis palabras favoritas de esta unidad

1. .... 4. ....
2. .... 5. ....
3. .... 6. ....

66 sesenta y seis

Exploradores del mundo

Vamos a aprender a...

- ☑ Organizar un viaje.
- ☑ Hablar de precios y dinero.
- ☑ Describir sitios y paisajes.
- ☑ Dar y pedir opinión.

»»» ¡Empezamos!

1 Escucha y relaciona cada texto con la foto correspondiente.

1.
– ¿Vamos de vacaciones a la playa?
– ¿A la playa? Yo **prefiero** ir este año a un **hotel rural** en la montaña.
– Ir a la montaña **me parece** muy aburrido.

2.
– ¡Haz una foto con el **palo selfi**!
– ¿Así? Salimos muy guapas, ¿no?
– ¡Es genial! ¿Hacemos otra con las **maletas** y el **pasaporte** en la mano?

3.
– ¿**Cuánto cuesta** un billete de avión a México?
– 1300 euros.
– ¡Uf! ¡Es **muy caro**!

4.
– Me encanta Toledo. Es una ciudad muy antigua y tiene un **río** muy bonito.
– ¿Dónde está Toledo?
– En España, al **suroeste** de Madrid.

5.
– Mira, mamá. Con el viaje del colegio vamos a visitar el lago Ypacaraí, **que** está en Paraguay.
– ¡Qué bonito! ¿También vais a ver las montañas **que** están en el norte del país?

sesenta y siete 67

Exploradores del mundo

2 Lee el texto de Estela y responde.

1. En verano voy a hacer un viaje por Perú con mi madre y mi hermana gemela. Va a ser un viaje **muy** intenso de 12 días por ese país tan guay.

2. El avión sale de Madrid muy temprano y llega a las seis de la mañana a Lima. No tenemos hotel reservado, vamos a quedarnos en casa de una mujer que es amiga de nuestra madre. Vamos a visitar el centro de la ciudad de Lima con ella y su hija. Al día siguiente temprano empezamos nuestro viaje a Cusco.

3. Los blogs en internet dicen que el "mal de altura" es **muy** peligroso. Si tienes mal de altura sientes náuseas y dolor de cabeza. Pasa cuando haces cambios de altura **muy** grandes. En Perú es habitual, porque Lima está a 1550 metros y Cusco a 3300 metros... ¡es **mucha** diferencia!

4. Después de ir a Cusco, viajamos al sur, a Arequipa. Nos quedamos allí dos noches en un hostal **muy** agradable para mochileros. Vamos a hacer un tour por la ciudad y ver los animales locales (hay **muchas** alpacas y llamas) y también las ruinas de los Incas.

Los números

100	cien
101	ciento uno
120	ciento veinte
200	doscientos
300	trescientos
400	cuatrocientos
500	quinientos
600	seiscientos
700	setecientos
800	ochocientos
900	novecientos
1000	mil
1400	mil cuatrocientos
1530	mil quinientos treinta
10 000	diez mil

a. Relaciona cada párrafo del texto con las fotos.

Párrafo ....

Párrafo ....

Párrafo ....

Párrafo ....

3 300 metros de altura

b. ¿Cuál es la ruta de Estela y su hermana?
   1. De Madrid a Lima en avión, después van en autobús a Cusco y a Arequipa.
   2. De Madrid a Cusco en avión, después van en autobús a Lima y Arequipa.
   3. De Madrid a Lima en autobús, después van en avión a Cusco y a Arequipa.

c. ¿Con quién viaja Estela?
   1. Con su hermana pequeña.
   2. Con una amiga de su madre.
   3. Con su hermana y su madre.

d. ¿Qué pasa con el mal de altura?
   1. Que te encuentras muy bien.
   2. Que te encuentras mal.
   3. Que te duele la espalda.

e. ¿Qué van a visitar en Arequipa?
   1. El museo de los Incas.
   2. Las ruinas incas.
   3. El centro de la ciudad.

3 ¿Cómo es el alojamiento de Estela y su familia en Arequipa? Marca la opción correcta.

- Un hotel rural
- Un hotel de playa
- Un camping
- Un hostal juvenil

4 Lee de nuevo el texto de Estela y fíjate en las palabras en negrita. Después, completa.

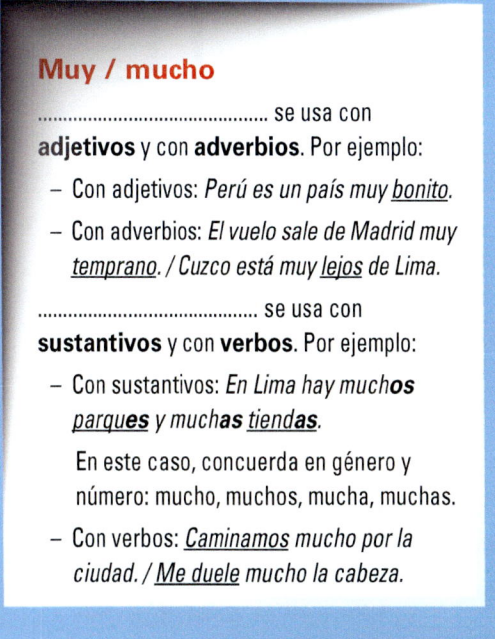

Muy / mucho

.... se usa con **adjetivos** y con **adverbios**. Por ejemplo:
- Con adjetivos: *Perú es un país muy bonito.*
- Con adverbios: *El vuelo sale de Madrid muy temprano. / Cuzco está muy lejos de Lima.*

.... se usa con **sustantivos** y con **verbos**. Por ejemplo:
- Con sustantivos: *En Lima hay much**os** parqu**es** y much**as** tiend**as**.*
  En este caso, concuerda en género y número: mucho, muchos, mucha, muchas.
- Con verbos: *Caminamos mucho por la ciudad. / Me duele mucho la cabeza.*

Pista 28

5 Escucha el diálogo entre Estela y su hermana y marca verdadero (V) o falso (F).

¡Recuerda!
Barato = €
Caro = €€€

	V	F
1. Rocío no lleva dinero en efectivo.	☐	☐
2. Las hermanas no tienen cámara de fotos.	☐	☐
3. Cada billete de autobús cuesta 4,50 €.	☐	☐
4. En la maleta hay un protector solar, unas gafas de sol y un bikini.	☐	☐
5. Estela prefiere llevar una gorra, no un sombrero.	☐	☐

6 Estos son los precios del viaje de Estela y Rocío. ¿Cuánto cuesta cada cosa? Escribe los precios con letras.

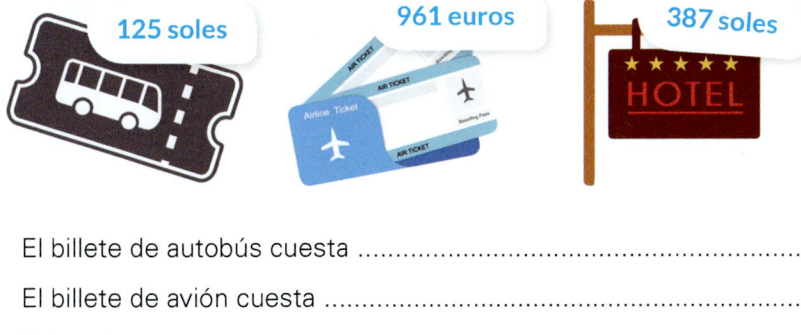

125 soles   961 euros   387 soles

¡Fíjate!
Pagar en efectivo   Pagar con tarjeta

El billete de autobús cuesta ....

El billete de avión cuesta ....

El hotel cuesta ....

Mi cuaderno de vocabulario

7 Mira las cosas que hay en la maleta de Estela y Rocío. En parejas, completad la lista con otras cosas que pueden necesitar. ¡Podéis usar el diccionario!

Documentos	Ropa	Aseo	Otros
– pasaporte	– pantalones	– champú	– móvil
– tarjeta de crédito	– camiseta	– peine	– auriculares
–	– camisa	–	–
–	– zapatillas	–	–
–	–	–	–
–	–	–	–

8 Las hermanas gemelas van a visitar muchos lugares en Perú. Ayúdales a encontrar estas ciudades en el mapa.

a) Lima está al ……………….. de Cusco.

b) Misti está al ……………….. de Lima.

c) Piura está al ……………….. de Lima.

d) Kuelap está al ……………….. de Piura.

> **¡Fíjate!**
> Norte + este = noreste   Norte + oeste = noroeste
> Sur + este = sureste   Sur + oeste = suroeste

8.1 Escribe los números con letras.

a) La distancia entre Arequipa y Cusco es de ……………………………………………… (485) kilómetros.

b) La distancia entre Lima y Cusco es de ……………………………………………… (1107) kilómetros.

c) La distancia entre Piura y Misti es de ……………………………………………… (2053) kilómetros.

9 Relaciona y escribe el nombre debajo de cada dibujo. Después, piensa qué cosas hay en tu país y márcalas. Comentadlo en clase.

- un mar
- un volcán
- un bosque / una selva
- un desierto
- un río
- unas montañas
- una isla

☐ .... ☐ .... ☐ ....

☐ .... ☐ .... ☐ .... ☐ ....

> En mi país no hay ríos, pero hay un volcán muy alto que se llama...

> En nuestro país hay...

¡A jugar!

9.1 Exploramos el mundo hispanohablante. En parejas, elegid un país hispano y describid qué cosas se pueden ver en él y dónde están. Buscad en internet, en un mapa o preguntad a vuestro/a profe. Después, haced una exposición en clase.

Escribimos, decimos...

Letras "silenciosas" en español.

Normalmente, la letra **h** no se pronuncia en español: *hola, hotel, hispanohablante*.
Después de la letra **c**, el grupo "ch" tiene un nuevo sonido: **ch**ampú, **Ch**ile, mu**ch**o.
La **u** también es una letra especial, no se pronuncia cuando va en **que, qui, gue, gui**: *bos**que**, Are**qui**pa, **gui**tarra, ju**gue**te*.

Pista 29

10 Lee en voz baja estas palabras. Después, escucha y repite.

| coche | hombre | chaqueta | chanclas | helado | ahí |
| guion | página | colegio | portugués | hamburguesa | gente |

11 Escribe otra palabra que conoces con estas sílabas. Después, léelas a tus compañeros.

- que: .... - gue: ....
- qui: .... - gui: ....

setenta y uno 71

Mi cuaderno de gramática

Oraciones de relativo

Las oraciones de relativo nos permiten <u>unir dos frases</u> que tienen <u>un elemento en común.</u>

Por ejemplo

1) a) Vamos a quedarnos en casa de una **mujer**. + b) La **mujer** es amiga de nuestra madre.

   Vamos a quedarnos en casa de una mujer **que** es amiga de nuestra madre.

2) a) En Cali vamos a quedarnos en un **hotel**. + b) El **hotel** está al lado de la playa.

   En Cali vamos a quedarnos en un hotel **que** está al lado de la playa.

12 Une dos frases utilizando "que".

1. Este verano mis primos van a ir a Cuba. Cuba es una isla del Mar Caribe.
   Este verano mis primos van a ir a Cuba que es una isla del Mar Caribe.

2. Mañana por fin vamos a conocer a María. María es la novia de mi hermano.
   ....

3. El próximo mes mis padres van a comprar una casa. La casa tiene 6 habitaciones.
   ....

4. Mis abuelos viven en un pueblo. Su pueblo es muy pequeño y tranquilo.
   ....

5. Voy a comprar ya esos billetes. Los billetes cuestan mil euros.
   ....

VERBOS IRREGULARES EN PRESENTE: O > UE
COSTAR

> Usamos el verbo **costar** para preguntar (por) y dar **el precio**. Solo usamos la conjugación de **la tercera persona singular y plural**.

Ejemplos:

a) – ¿Cuánto <u>cuesta el billete</u> de avión para Caracas?
   – <u>El billete cuesta</u> 1500 euros. Es mucho dinero, mis padres no pueden pagarlo.

b) – ¿Cuánto <u>cuesta**n** las entrada**s**</u> del teatro?
   – <u>**Las** entrada**s** cuesta**n**</u> 18 euros. ¡Qué caras! Prefiero ir al cine.

72 setenta y dos

13 Mira las imágenes. Pregunta por el precio y responde.

¿Cuánto .... ?
Las gafas de sol .... euros.

¿ ....
....
.... ?

¿ ....
....
.... ?

¿ ....
....
.... ?

MUY / MUCHO (A/OS/AS)

 14 Elige la opción correcta. Después, escucha y comprueba.

1. Hay muchos / mucho árboles en la selva Amazonia.
2. Las vacaciones siempre pasan mucho / muy rápido.
3. Me gustan mucho / muchas las islas caribeñas.
4. Para ir a Lima tenemos que salir del hotel mucho / muy temprano.
5. Mi nueva cámara de fotos es mucha / muy moderna y buena.
6. La paella es una comida de Valencia muy / mucho famosa.
7. En el desierto también viven muchos / muy animales.
8. En verano nado muy / mucho en el lago del pueblo.
9. Muy / Muchos turistas van de excursión a Ávila.
10. Me gusta hacer muchos / muchas fotos cuando viajo.

¡RECUERDA!

Muy: Se usa con los **adjetivos** y **adverbios**.

Mucho: Con los **sustantivos** y los **verbos**.

Mucha / Muchos / Muchas: Con los **sustantivos**.

15 ¡Repasamos los verbos irregulares!

	Salir	Preferir	Poder
yo			
tú			
él, ella, usted			
nosotros/as			
vosotros/as			
ellos/as, ustedes			

setenta y tres

1 **Lee y contesta.**

En la *Asociación Internacional de Exploradores del Mundo* hay 250 socios de todo el planeta. Juntos, descubren lugares geniales y comparten sus fotos en Instagram con la etiqueta #JóvenesExploradores.

Vas a leer un correo electrónico que Liam, un chico de Canadá, envía a la asociación.

Nuevo mensaje

Para: a.i.exploradores@queguay.com

Asunto: nuevo socio

Estimados señores:

Mi nombre es Liam Clark, tengo 13 años y soy estudiante de secundaria. Vivo en Canadá, cerca de las montañas y de un lago, me encanta la naturaleza y explorar nuevos lugares. Hablo francés e inglés y estudio español en el colegio. Este año quiero viajar a España con la Asociación de Exploradores del Mundo, para conocer más la cultura española: la comida, la literatura y la naturaleza. Quiero, más especialmente, visitar la selva de Irati, en Navarra, y ver los ríos de la Sierra de Cazorla, en Andalucía. También me gusta mucho leer. En vuestra web hay rutas por bibliotecas y librerías españolas muy bonitas.

Estoy interesado en ir a España dos semanas este verano. Mis padres quieren saber qué tipo de excursiones hay, cuánto cuestan, cómo es la comida y si la asociación me puede buscar el alojamiento.

Muchas gracias, un saludo,
Liam.

enviar

1.1 **El objetivo de este correo es...**

a) pedir información sobre un curso.
b) pedir información sobre un viaje a España.
c) pedir información sobre rutas por bibliotecas.

1.2 **A Liam le interesa visitar...**

a

b

c

1.3 **Una de las aficiones de Liam es...**

a) los videojuegos.
b) el fútbol.
c) la literatura.

1.4 **Los padres de Liam quieren saber...**

a) el precio de las excursiones.
b) el tiempo que va a hacer.
c) la fecha del viaje.

2 ¿Y a ti? ¿Qué te gusta hacer en los viajes? Lee las actividades y piensa si te gusta, si te parece aburrido o divertido, etc. Después, compara con tu compañero/a.

Ir a librerías   Ir a la playa   Visitar un museo   Comprar *souvenirs*   Probar comida nueva

A mí me parece divertido / aburrido porque…

A mí me gusta / no me gusta…

Yo creo / pienso que…

En mi opinión…

3 ¡Ahora tú! Quieres participar en la Asociación Internacional de Exploradores del Mundo. Debes completar este formulario.

ASOCIACIÓN INTERNACIONAL DE EXPLORADORES DEL MUNDO

- Nombre
- Apellidos
- Edad
- Fecha y lugar de nacimiento
- Dirección
- Teléfono
- Correo electrónico
- ¿Qué países quieres visitar?
- ¿Qué te interesa ver?
- ¿Qué idioma hablas?
- ¿Qué otros países o ciudades conoces?
- ¿Dónde prefieres vivir (en una familia, en una escuela, en un hostal…)?
- ¿Qué te gusta hacer en tu tiempo libre?
- ¿Eres socio de otra asociación? ¿Cuál?

setenta y cinco

¡QUÉ INTERESANTE!

¡EXPLORAMOS LOS PAÍSES DE CENTROAMÉRICA!

1 ¿Sabes cuáles son los países hispanohablantes de Centroamérica? Mira el mapa y completa el nombre de cada país.

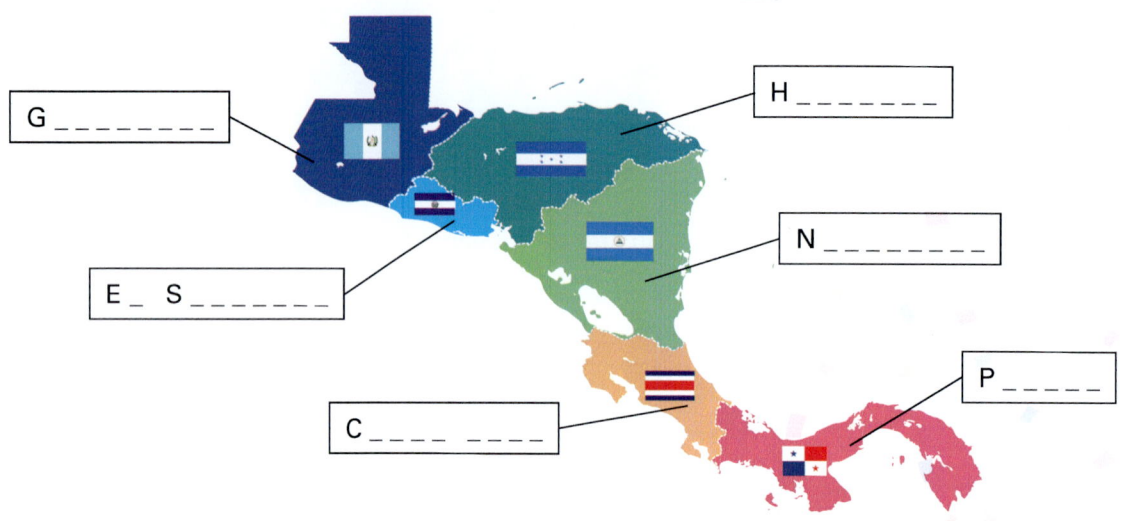

G _ _ _ _ _ _ _ _
H _ _ _ _ _ _ _
E_ S _ _ _ _ _ _ _
N _ _ _ _ _ _ _ _
C _ _ _ _ _ _ _ _
P _ _ _ _ _

2 Aquí tienes 5 lugares que puedes visitar en Centroamérica. Relaciona los textos con las imágenes y completa con el nombre del país. ¡Puedes buscar en internet!

VOLCÁN MASAYA
1

ROATÁN

2

MONTEVERDE

3

EMBRERÁ QUERÁ

4

CHORROS DE LA CALERA

5

TIKAL

6

Si vas a ……………….., tienes que vivir esta aventura. Este lugar es una maravilla natural. Es muy bonito ver cómo el agua baja de las montañas y llega a unas piscinas naturales donde puedes nadar.

Este bosque es uno de los ecosistemas más increíbles de ………………… Es un lugar siempre verde y hay muchas cosas que hacer. Puedes hacer puenting y observar las aves. La simple vista de un bosque puede quitar todo el estrés.

Uno de los siete pueblos indígenas está en ……………… Para conocer este pueblo y sus costumbres puedes hacer una excursión.

……………… tiene muchas playas muy bonitas. Este lugar está en el mar Caribe y es genial para pasar las vacaciones. También puedes ver muchas tortugas y mantas aquí.

……………… también es conocida como "tierra de lagos y volcanes". Si vas a este país, puedes observar lava de cerca. Puedes hacer la visita al Parque Nacional cuando se va el sol.

Si vas a ………., tienes que visitar este parque nacional. Es una antigua ciudad de los mayas. Hay muchos templos, estelas y pirámides.

¡REPASO!

1 Tacha la palabra diferente.

norte	caro	hotel	lago
oeste	grande	casa	río
izquierda	barato	hostal	montaña

2 Escribe los resultados con letras.

a) 235 + 460 = ...

b) 1120 + 451 = ...

c) 900 + 500 = ...

3 Sandra y Carlos se van de viaje. ¿Qué llevan en su maleta? ¿A dónde crees que van?

LA MALETA DE SANDRA

Creo que va a ....
porque lleva ....
....
....

LA MALETA DE CARLOS

Creo que va a ....
porque lleva ....
....
....

4 Clasifica las siguientes frases.

Yo creo que...   ¿Y tú?   ... ¿no?   En mi opinión...   ¿Qué te parece?   A mí me parece...

Dar opinión	Pedir opinión

setenta y siete 77

5 Completa las frases con *muy* o *mucho/a/os/as*.

1. La playa de San Juan está ………. cerca del centro de Alicante.
2. En verano …………. personas se bañan en el río Tormes de Salamanca.
3. Los billetes de avión para ir a Puerto Rico son ………. caros desde España.
4. Me parece ………. aburrido ir al norte en verano, porque llueve ……….. y no hay sol.
5. ¿Hay …………… frutas exóticas en tu país?
6. Cuando viajo, prefiero quedarme en un hostal juvenil porque es ……….. barato.
7. Hay ………… peces en el lago de mi pueblo, me gusta ………… mirarlos.

6 Completa con la frase adecuada.

| que está en África | que está en el norte de España | que vive en España y Portugal | que cuesta solo 15 euros | que tiene dos plantas y tres baños |

1. En Toledo vamos a hacer una excursión en el autobús turístico ……………………………………………….
2. Oviedo es una ciudad ……………………………………………….………………………………………………..
3. Guinea Ecuatorial es un país ……………………………………………………………. donde se habla español.
4. Julia va a quedarse en una casa en Cuba ……………………………………………………………….
5. El lince ibérico es un animal salvaje ……………………………………………….

7 Escucha el diálogo entre Susana y Guille y escribe si las frases son verdaderas (V) o falsas (F).

1. República Dominicana es un río.	
2. Los billetes de avión son baratos.	
3. Hay un vuelo directo los sábados desde Madrid.	
4. Guille necesita comprar un bañador y unas chanclas.	
5. Van a regalar una gorra del Real Madrid a Daylin.	

8 Escucha otra vez el diálogo y responde a las preguntas.

1. ¿Con quién van a ir a República Dominicana Susana y Guille?
   ……………………………………………….
2. ¿Dónde van a quedarse en República Dominicana?
   ……………………………………………….
3. ¿A qué hora es el vuelo directo desde Madrid?
   ……………………………………………….

Mis palabras favoritas de esta unidad

1. ……………………… 4. ………………………
2. ……………………… 5. ………………………
3. ……………………… 6. ………………………

setenta y ocho

EL CONCURSO DE ESPAÑOL

Vais a jugar a un concurso sobre la lengua española. Tenéis que crear las preguntas, acertar las respuestas… ¡y sumar muchos puntos!

¡LLUVIA DE IDEAS!

En dos o tres equipos, pensad las preguntas que vais a hacer al equipo contrario y escribidlas. Tiene que haber 14 preguntas:

- 5 preguntas gramaticales.
- 5 preguntas de vocabulario.
- 2 preguntas de cultura.
- 2 preguntas de ortografía.

¡MANOS A LA OBRA!

Escribid cada pregunta en un papelito y metedlos todos en una bolsa. Cada equipo escribe un total de 14 preguntas para los equipos contrarios.

3, 2, 1… ¡ACCIÓN!

Tu equipo saca una pregunta de la bolsa del equipo contrario. ¡Debéis responderla correctamente para sumar un punto!

¡BRAVO!

Gana el equipo que suma más puntos. ¡Mucha suerte!

setenta y nueve 79

¡Qué guay!

Instrucciones:

Tira el dado y avanza el número que marca.
Si sabes la respuesta, te puedes quedar en la casilla.

20 ¿Cómo se dice "562" en español?

21 Retrocede 3 casillas.

22 ¿Qué puedes hacer si estás muy nervioso/a?

23 ¿Cuánto es 870 + 630?

19 ¿Qué tiempo hace en tu país?

18 Espera un turno.

17 ¿Cuáles son los meses de la primavera en tu país?

16 ¿Con qué parte del cuerpo escribes?

LLEGADA

35 Honduras es un país *muy / mucho* bonito.

34 ¿Te gusta llevar gorra?

15 Da un consejo: si estás muy cansado...

14 Avanza dos casillas.

13 ¿Qué tiempo hace hoy?

12 Di 3 consejos para tener una vida sana.

SALIDA

1 ¿Qué hay en la cara? Da 3 nombres.

2 ¿Qué vas a hacer el sábado?

Si no la sabes, vuelve a la casilla de antes.
El primero que llega al campamento, gana.

24 ¿Qué llevas en tu maleta cuando vas de vacaciones?

25 Di tres cosas que haces normalmente por las mañanas.

26 ¿Cuál es tu estación favorita? ¿Por qué?

27 Avanza 3 casillas.

28 Da un consejo: si tienes sed...

29 El contrario de barato es ....

33 Di tres palabras llanas en español.

32 ¿Cómo se dice "835" en español?

31 Estudio *mucho / muy* para sacar buenas notas.

30 Espera un turno.

11 ¿Prefieres quedarte en un hostal juvenil o en un hotel?

10 ¿A dónde quieres ir en verano?

9 Espera un turno.

8 ¿Prefieres ir en tren o en autobús?

7 Di tres palabras agudas en español.

3 ¿Hay volcanes en tu país?

4 Avanza dos casillas.

5 ¿Qué te duele cuando ves mucho la tele?

6 Panamá está en *América del Sur* o *Centroámerica*.

ochenta y uno 81

¡Ya terminamos el libro!
¿Qué es lo que más te gusta del curso?

Mi palabra favorita en español

Mi frase favorita en español

Mi actividad favorita del libro

Mi unidad favorita del libro

¡PREPARO EL DELE ESCOLAR! MODELO DE EXAMEN

1. Prueba de Comprensión de lectura: 84

    Tarea 1

    Tarea 2

    Tarea 3

    Tarea 4

2. Prueba de Comprensión auditiva: 92

    Tarea 1

    Tarea 2

    Tarea 3

    Tarea 4

3. Prueba de Expresión e interacción escritas: 97

    Tarea 1

    Tarea 2

4. Pruebas de Expresión e interacción orales: 99

    Tarea 1

    Tarea 2

    Tarea 3

PRUEBA 1

COMPRENSIÓN DE LECTURA

La prueba de Comprensión de lectura tiene cuatro tareas. Debes responder a 25 preguntas. Duración: 45 minutos. Debes escribir o marcar tus opciones únicamente en la Hoja de respuestas.

TAREA 1

Instrucciones

Vas a leer un correo electrónico de Ana a un amigo. A continuación, debes leer las preguntas (1 a 5) y seleccionar la opción correcta (A, B o C).

Tienes que marcar la opción elegida en la **Hoja de respuestas**.

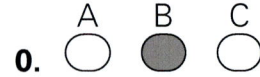

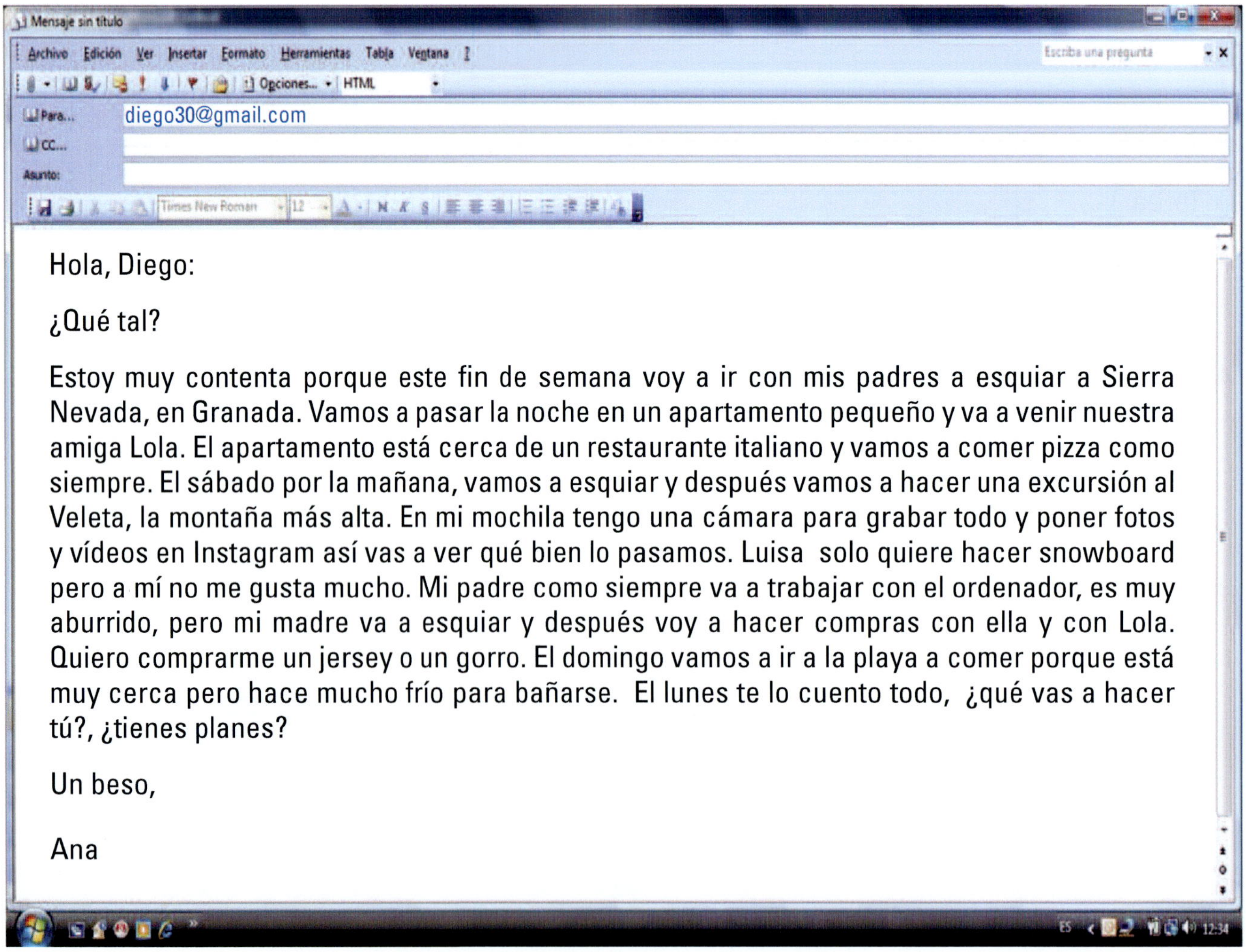

Para: diego30@gmail.com

Hola, Diego:

¿Qué tal?

Estoy muy contenta porque este fin de semana voy a ir con mis padres a esquiar a Sierra Nevada, en Granada. Vamos a pasar la noche en un apartamento pequeño y va a venir nuestra amiga Lola. El apartamento está cerca de un restaurante italiano y vamos a comer pizza como siempre. El sábado por la mañana, vamos a esquiar y después vamos a hacer una excursión al Veleta, la montaña más alta. En mi mochila tengo una cámara para grabar todo y poner fotos y vídeos en Instagram así vas a ver qué bien lo pasamos. Luisa solo quiere hacer snowboard pero a mí no me gusta mucho. Mi padre como siempre va a trabajar con el ordenador, es muy aburrido, pero mi madre va a esquiar y después voy a hacer compras con ella y con Lola. Quiero comprarme un jersey o un gorro. El domingo vamos a ir a la playa a comer porque está muy cerca pero hace mucho frío para bañarse. El lunes te lo cuento todo, ¿qué vas a hacer tú?, ¿tienes planes?

Un beso,

Ana

PRUEBA 1

Preguntas

1. Ana escribe un correo electrónico sobre…
   a) sus padres.
   b) sus planes de fin de semana.
   c) sus aficiones.

2. Cerca del hotel hay…
   a) una piscina.
   b) un restaurante.
   c) una playa.

3. Su amiga Luisa…
   a) quiere esquiar.
   b) quiere hacer snowboard.
   c) quiere ir de compras.

4. Van a la playa para…
   a) tomar el sol.
   b) bañarse.
   c) comer.

5. Quiere comprar…

   a)

   b)

   c)

PRUEBA 1

COMPRENSIÓN DE LECTURA

TAREA 2

Instrucciones

Vas a leer unos mensajes que están en varios lugares en un colegio. Debes relacionar los mensajes (A-K) con las frases (6 a 11). Hay once mensajes, incluido el ejemplo. Debes seleccionar seis.

Tienes que marcar la opción elegida en la **Hoja de respuestas**.

A
Todos contra el *bullying*:
Viernes 18
A las 17:30

Charla del teniente de policía Juan Álvarez y la psicóloga Nuria Amador sobre el *bullying*.
Salón de actos del Colegio.

B
Busco clases particulares de francés

Tengo 15 años, estudio en este colegio.

Tengo problemas con la gramática francesa.

Quiero las clases solo los fines de semana.

Mi teléfono: 678900439.

C
Vendo libros de matemáticas prácticamente nuevos

-Libro de 2 de la ESO.
-Libro de 3 de la ESO.

Cada libro cuesta 10 euros.

Escribe a sandra22@hotmail.com

D
Fiesta de fin de curso
Sábado 20 de junio.
A las 20:00 en el salón de actos.

Recoge tu invitación en secretaría o apúntate en nuestro grupo de Facebook:
Colegioalmoraimaevents

E
Clases de flamenco
¿Quieres aprender flamenco con nosotros?
¿Te gusta el baile? Esta es tu clase.
Horario: martes y jueves de 18:30 a 19:30.
En el salón de actos del colegio.
Te esperamos. Clases gratis.
Apúntate en: servicioextraescolar@mail.com

F
Excursión de un día a Sevilla

Visita la Giralda y la Torre del Oro.

Te esperamos el sábado 30 en la Plaza del Carmen.

Apúntate en secretaria@colegiomoraima.com

PRUEBA 1

G

¿Estás triste? ¿Te sientes solo?
¿Tienes problemas?
Podemos ayudarte.

Atención gratuita en el servicio telefónico de 24 horas:
99 356 344

o escribe a psicologosmoraima@colegiomoraima.com

I

Comida saludable
Descarga la aplicación comedores saludables
o escribe a tusmenus@colegiomoraima.com
Puedes escoger tu comida saludable y adaptada a tus necesidades.
Tenemos comida para alérgicos, para veganos y vegetarianos también.
Nuestros cocineros adaptan tus platos.
Más información en secretaría.

H

Un día en la Alhambra
El jueves 13, a las 17:00 vamos a visitar el Palacio de la Alhambra.
Con Juan Vives nuestro profesor de historia del arte vamos a aprender mucho sobre este famoso monumento.
15 alumnos máximo.
Sé el primero en apuntarte en descubrelahistoria
o llama al 958345345.

J

Conferencia: ¿Qué hay en mi plato?
Sábado 5
A las 13:00
Juan Luis Saavedra y Mónica La Piedra son médicos y especialistas en nutrición que nos van a hablar de los puntos básicos de la comida saludable: más fruta y verdura, menos carne. Nos van a enseñar a analizar un plato saludable.
Entrada abierta. Salón de actos. Os esperamos.

K

Leer es saber
Tus libros y música favorita en tu biblioteca.
Colegio Moraima.
Horario: de lunes a viernes de 9:00 a 14:00
y de 15:00 a 18:00.
Consulta el catálogo en http:/www.biliotecamoraima.com
y reserva tu libro en biblioteca@colegiomoraima.com

	FRASES	MENSAJE
0.	Puedes aprender sobre *bullying*.	A
6.	Puedes conocer una ciudad.	
7.	Puedes aprender a bailar.	
8.	Puedes escoger un menú vegetariano.	
9.	La biblioteca está cerrada el fin de semana.	
10.	Puedes comprar libros.	
11.	Tienes atención psicológica gratuita.	

PRUEBA 1

COMPRENSIÓN DE LECTURA

TAREA 3

Instrucciones

Vas a leer los anuncios de una guía del ocio.
Relaciona los anuncios (A-J) con las frases de los alumnos (12 a 17). Hay diez anuncios, incluido el ejemplo. Tienes que seleccionar seis.

Tienes que marcar la opción elegida en la **Hoja de respuestas**.

A

La Albahaca
Abierto de martes a jueves.
Horario: De 13:00 a 22:00.
Menú del día especial 6 euros.
Comida para llevar.
C/Alberos 10, Málaga.

B

Museo del Prado
Horario de 10 a 19.00.
Abierto todos los días excepto lunes.
Exposición temporal sobre Alberto Giacometti.
Compra tu entrada en www.museodelprado.es

C

Bar de tapas Jimena
Abierto todos los días, excepto el martes.
Música en directo.
"Happy hour" a las 21:00.
Te esperamos en c/Almeida 12, Madrid.

D

Concierto de Zaruk en Cultumad
Martes 2 de julio
Compra tu entrada desde 15,00 euros
en ticketsguiadelocio.com

E

Tetería las Mil y Una Noches
Tenemos 100 especialidades de té.
Encuentra tu té favorito en C/Jardín 9, Madrid.
De lunes a sábado en horario de 17:00 a 22:00.

F

Churrería Real
Desayunos y meriendas todos los días.
Tenemos churros los domingos.
Abrimos de 8:00 a 20:00.
Avenida de España 20, Ponferrada.

PRUEBA 1

G
Museo Reina Sofía
Horario:
Lunes: 10:00 - 21:00
Martes: Cerrado, incluido festivos
Miércoles – sábado: 10:00 - 21:00
Domingo: 10:00 a 19:00

Compra tus entradas con descuento en
https://entradas.museoreinasofia.es/site/MuseoReinaSofia/

I
Teatro el Canal
Ballet cubano: La Cenicienta.
El sábado 23 de julio a las 19:00.
Entradas en teatrocanal@servicioteatral.es.

H
Restaurante Taco Mexicano
De lunes a viernes de 13:30 a 22:30
Sábados y domingos de 13:30 a 00:00

Tenemos una gran variedad de platillos. ¿Eres vegetariano o vegano? Este es tu restaurante. Adaptamos nuestros menús a tus necesidades.

Te esperamos en C/Marlasca 35, Madrid.
Reservas en el 91 334756.

J
Cinema Valedelomar.
21 Viernes 18:00 h.
NOVIO A LA VISTA
Luis García Berlanga. España. 1954.
82 min. ByN. v.o.e. 35mm.
Pza. Las Palomas, 33. Madrid.

	FRASES	MENSAJE
0.	No tenemos mucho dinero para comer. Hay que buscar un menú barato.	A
12.	Mi novio y yo queremos hacer algo especial el próximo martes. Nos encanta la música.	
13.	Nuestro colegio organiza una visita a un museo este lunes.	
14.	Es el cumpleaños de Luis y queremos invitarlo a cenar. Queremos platos diferentes.	
15	Queremos tomar un desayuno típico español este domingo.	
16.	Vamos a hacer planes para el sábado con mis padres. Nos encanta el baile.	
17.	Vamos a ver una exposición especial este martes.	

PRUEBA 1

COMPRENSIÓN DE LECTURA

TAREA 4

Instrucciones

Vas a leer la información de las actividades de los alumnos para un viaje de estudios. A continuación, debes leer las preguntas (18 a 25) y seleccionar la opción correcta (A, B o C).

Tienes que marcar la opción elegida en la **Hoja de respuestas**.

Lunes	Martes	Miércoles	Jueves	Viernes	Sábado
10:00 Salida del aeropuerto de Málaga con dirección a Mallorca	8:30 Desayuno en el hotel	8:30 Desayuno en el hotel	8:30 Desayuno en el hotel	8:30 Desayuno en el hotel	8:30 Desayuno en cafetería frente al hotel
11:30 Llegada al hotel Taurus Park	9:30 Día de Playa	9:30 Excursión a las Cuevas del Drach	9:30 Excursión a la casa Museo de Chopin	10:00 Excursión a la ciudad de Mallorca	11:00 Salida del aeropuerto de Mallorca a Málaga
14:30 Comida en el restaurante del hotel	14:30 Comida en el bar de la playa	14:30 Comida en un restaurante	14:30 Comida en un restaurante	14:30 Comida en el restaurante del hotel	
16:00–20:00 Tiempo libre	17:00 Volver al hotel	16:00–19:00 Compras	17:00 Volver al hotel	16:00–19:00 Compras	
20:00–21:00 Cena en el hotel	20:00–21:00 Cena en el hotel	20:00–21:00 Cena en el hotel	20:00–21:00 Cena en el hotel	20:00–21:00 Cena en el hotel	
23:00 Hora de acostarse	23:00 Hora de acostarse	23:00 Hora de acostarse	23:00 Hora de acostarse	23:00 Hora de acostarse	

PRUEBA 1

18. Los alumnos tienen el desayuno en el hotel todos los días a las 8:30 menos _____.

a) el sábado y el domingo

b) el lunes

c) el martes y el sábado

19. _____ los alumnos tienen tiempo libre.

a) El primer día

b) El segundo día

c) Ningún día

20. Los alumnos _____ en el hotel todos los días menos el lunes y el sábado.

a) desayunan

b) comen

c) cenan

21. _____ se acuestan.

a) A las 21:00

b) A las 22:00

c) A las 23:00

22. El martes _____ al hotel a las 17:00.

a) vuelven

b) salen

c) llegan

23. El lunes y el sábado viajan en _____.

a) tren

b) coche

c) avión

24. Los alumnos hacen excursiones _____.

a) todos los días

b) el lunes, el martes y el jueves

c) el miércoles, el jueves y el viernes

25. _____ los alumnos tienen un día de playa.

a) El domingo

b) El martes

c) El jueves

noventa y uno

PRUEBA 2

COMPRENSIÓN AUDITIVA

La prueba de Comprensión auditiva contiene cuatro tareas. Debes responder a 25 preguntas. Duración: 20 minutos. Debes marcar o escribir únicamente en la Hoja de respuestas.

TAREA 1 **Pista 1**

Instrucciones

Vas a escuchar cinco conversaciones. Hablan dos personas. Las conversaciones se repiten dos veces. Hay una pregunta y tres imágenes (A, B y C) para cada conversación. Tienes que seleccionar la imagen que responde a la pregunta.

Debes marcar la opción elegida en la **Hoja de respuestas**.

Ahora vas a escuchar un ejemplo.

0. ¿A qué hora desayunan?

A

B

C

La opción correcta es la letra **C**.

1. ¿Dónde está el chico?

A

B

C

PRUEBA 2

2. ¿Qué come la familia?

A

B

C

3. ¿A qué se dedica su padre?

A

B

C

4. ¿Qué va a comprar el chico?

A

B

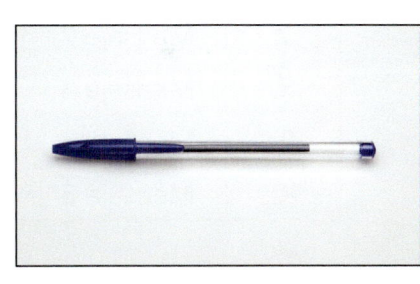
C

5. ¿Qué va a hacer la chica esta noche?

A

B

C

PRUEBA 2

COMPRENSIÓN AUDITIVA

TAREA 2 🔊 **Pista 2**

Instrucciones

Vas a escuchar cinco mensajes breves. Cada mensaje se repite dos veces. Debes relacionar las imágenes (de la A a la I) con los mensajes (del 6 al 10). Hay nueve imágenes incluido el ejemplo. Tienes que seleccionar cinco.

Debes marcar la opción elegida en la **Hoja de respuestas**.

Ahora vas a escuchar un ejemplo. Atención a las imágenes.
Mensaje 0: Silencio, por favor. Estamos en un hospital.

La opción correcta es la letra **I**.

```
      A   B   C   D   E   F   G   H   I
0.    ○   ○   ○   ○   ○   ○   ○   ○   ●
```

	Mensaje	Imágenes
0.	Mensaje 0	I
6.	Mensaje 1	
7.	Mensaje 2	
8.	Mensaje 3	
9.	Mensaje 4	
10.	Mensaje 5	

 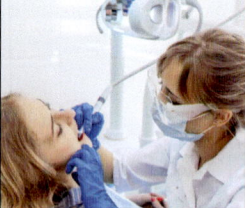   

A   B   C   D   E

   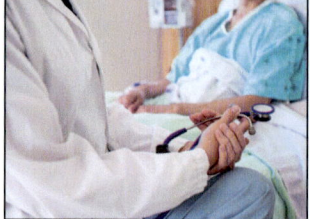

F   G   H   I

PRUEBA 2

COMPRENSIÓN AUDITIVA

TAREA 3 🔊 **Pista 3**

Instrucciones

Vas a escuchar a una chica, Rosa, que habla de los miembros de su familia. La información se repite dos veces. A la izquierda, están los nombres de los miembros de su familia. A la derecha, la información sobre ellos. Debes relacionar los números (del 11 al 18) con las letras (de la A a la L). Hay 12 letras, incluido el ejemplo. Tienes que seleccionar 8.

Debes marcar la opción elegida en la **Hoja de respuestas**.

Ahora vas a escuchar un ejemplo:

Voy a hablar de mi familia. ¡Tengo muchos tíos y primos!

La opción correcta es la letra **C**.

0. A ○ B ○ C ● D ○ E ○ F ○ G ○ H ○ I ○ J ○ K ○ L ○

0.	Rosa	C
11.	Javier	
12.	A Beatriz	
13.	A José	
14.	Leticia	
15.	Pedro	
16.	Laura	
17.	Rocío	
18.	Irene	

A	Habla muchos idiomas.
B	Es piloto.
C	Tiene una familia muy grande.
D	Le gusta comer mucho.
E	Vive en el extranjero.
F	Es muy trabajadora.
G	Tiene muchos amigos.
H	Le encanta cocinar.
I	Hace muchos viajes.
J	Le gusta mucho leer.
K	No es muy sociable.
L	Practica deporte los fines de semana.

PRUEBA 2

COMPRENSIÓN AUDITIVA

TAREA 4 🔊 **Pista 4**

Instrucciones

Vas a escuchar a una chica, Ana, que habla de su rutina con su amigo Ángel. Vas a escuchar la conversación dos veces.

Tienes siete frases (de la 19 a la 25) que no están completas. Debes leer las frases y seleccionar una opción del cuadro (de la A a la I) para completar las frases, como en el ejemplo.

Debes marcar la opción elegida en la **Hoja de respuestas**. Ahora tienes 30 segundos para leer las frases.

Ejemplo:

La opción correcta para completar la frase 0 es la letra **A**.

0. A● B○ C○ D○ E○ F○ G○ H○ I○

0.	El sábado Ana se levanta a las _____**A**_____.	
19.	El sábado va a _____.	
20.	Después de montar va _____.	
21.	Le gusta mucho _____ en casa de su amiga.	
22.	Estudia _____ todos los días.	
23.	_____ los lunes y los miércoles.	
24.	_____ ir al gimnasio.	
25.	Los fines de semana _____ más tarde.	

A	siete
B	a casa de sus tíos
C	no le gusta mucho
D	juega al baloncesto
E	a la montaña
F	por la tarde
G	se acuesta
H	montar a caballo
I	ver películas

PRUEBA 3

EXPRESIÓN E INTERACCIÓN ESCRITAS

TAREA 1

Instrucciones

Quieres ser socio del club de actividades escolares Manos Libres. Tienes que completar este formulario.

Club Manos Libres

Nombre: _____

Apellido(s): _____

Edad: _____

Nacionalidad: _____

Dirección: Calle _____

Número piso: _____

Ciudad: _____

País: _____

Teléfono: _____

Correo electrónico: _____

1. ¿Qué asignaturas del colegio te gustan más? ¿Qué asignatura no te gusta? _____
_____

2. ¿Con qué frecuencia vas al cine? ¿Cuándo? ¿Con quién? _____
_____

3. ¿Practicas deporte? ¿Cuántos días? _____
_____

4. ¿Con qué frecuencia usas tu Tablet y qué haces con ella? _____
_____

5. ¿Qué actividades te gusta hacer en tu tiempo libre? _____
_____

6. ¿Te gusta el teatro? ¿Por qué? _____
_____

PRUEBA 3

EXPRESIÓN E INTERACCIÓN ESCRITAS

TAREA 2

Instrucciones

Quieres ir al cine y quieres ir con un amigo. Escribe un correo a tu amigo.
En él debes:

- saludar;
- decir que quieres ir al cine y cuándo;
- explicar por qué quieres ir al cine;
- preguntar a tu amigo a qué hora puede ir;
- despedirte.

Número de palabras: entre 30 y 40.

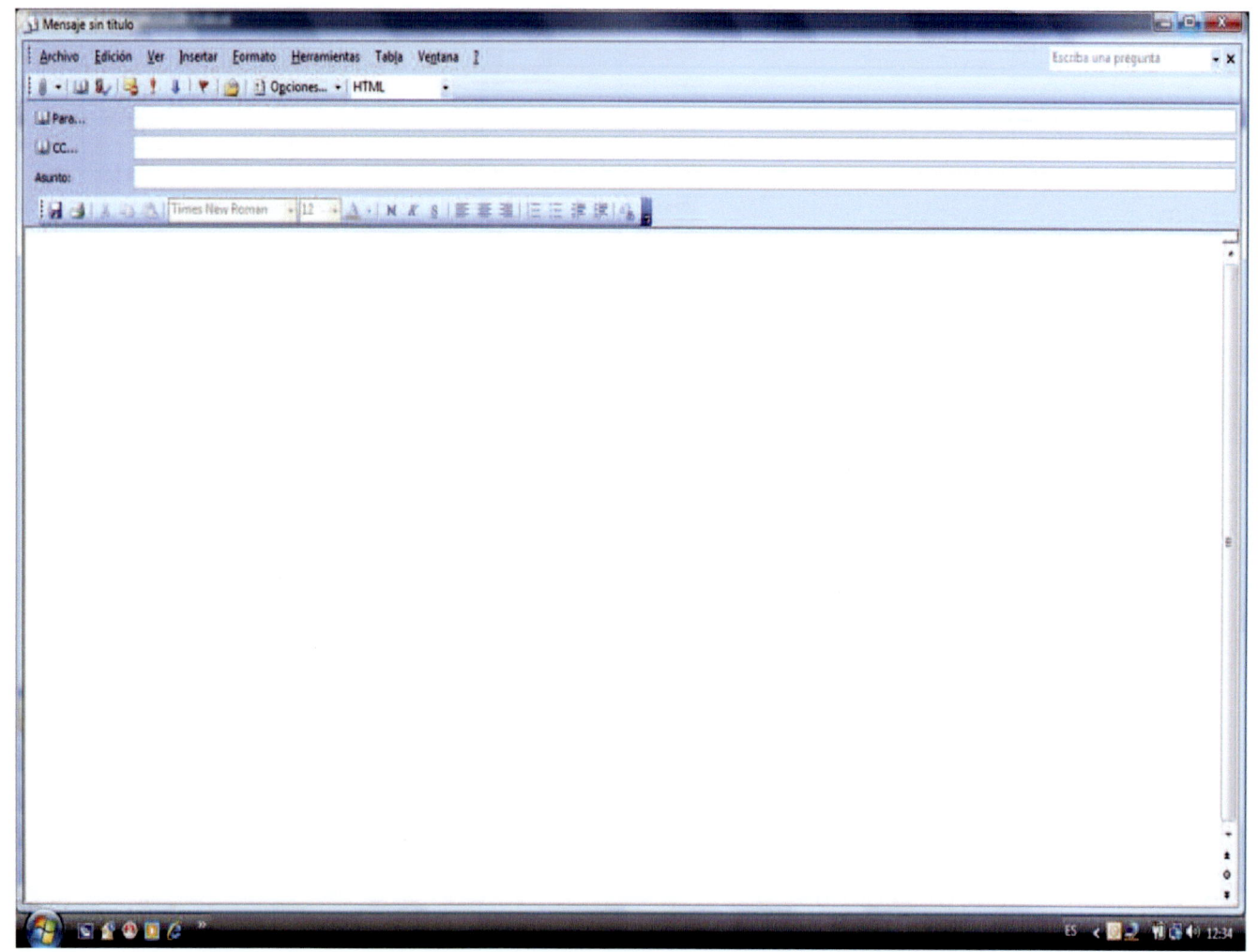

PRUEBA 4

EXPRESIÓN E INTERACCIÓN ORALES

TAREA 1

PRESENTACIÓN PERSONAL OBLIGATORIA

Instrucciones

Vas a preparar una presentación personal de dos minutos aproximadamente. Puedes hablar sobre los siguientes aspectos.

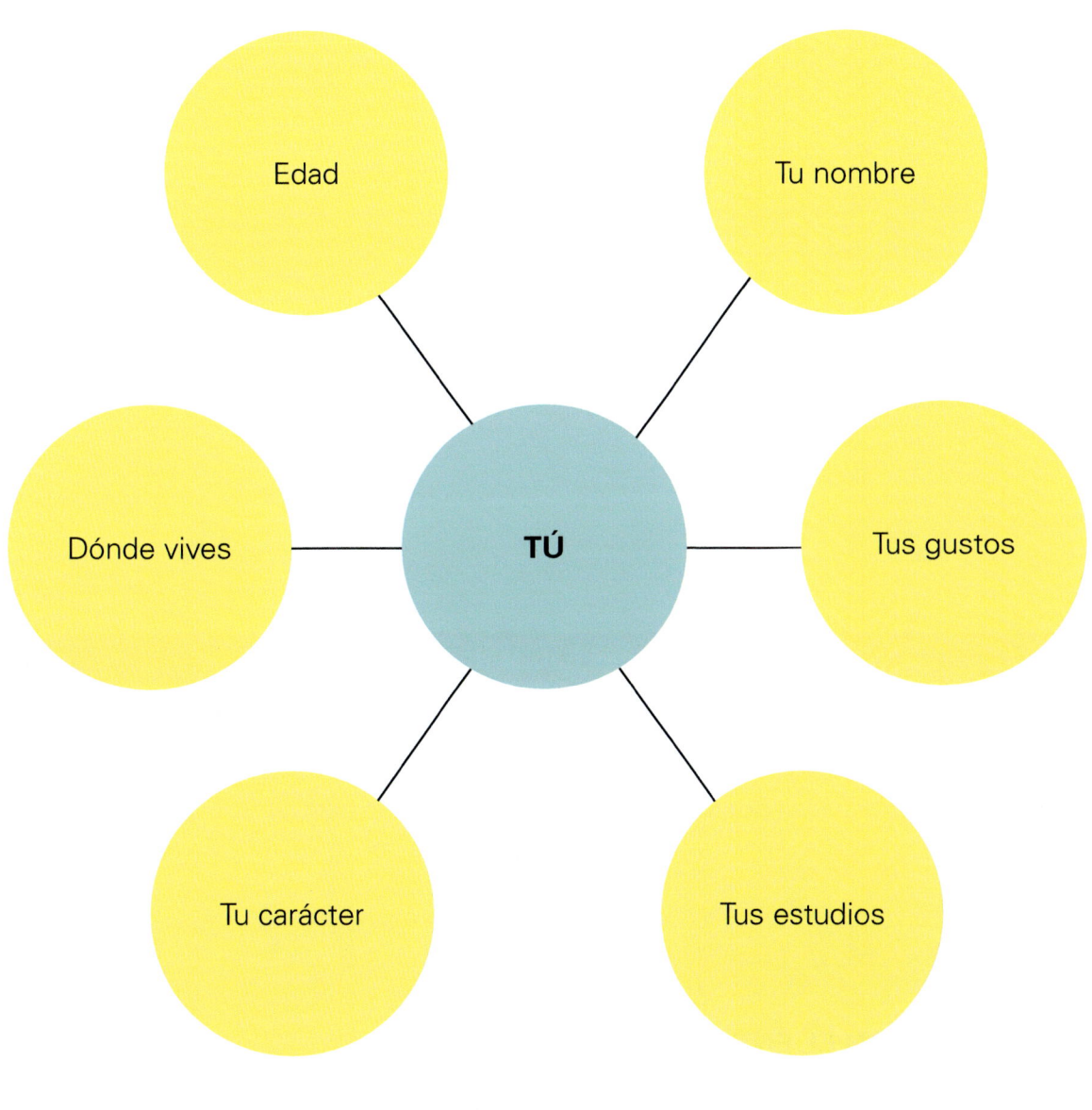

PRUEBA 4

EXPRESIÓN E INTERACCIÓN ORALES

TAREA 2

Instrucciones

Vas a seleccionar tres de las cinco opciones para hablar durante aproximadamente dos minutos.

Puedes hablar de:

1. Descripción física y de carácter: ¿cómo son?, ¿cómo es su carácter?
2. Gustos: ¿qué les gusta hacer en su tiempo libre?, ¿qué haces con ellos?
3. Rutina: ¿qué hacen por las mañanas?, ¿a qué hora se despiertan?

TAREA 3

CONVERSACIÓN CON EL ENTREVISTADOR

Instrucciones

El entrevistador te va a hacer unas preguntas sobre el tema de la Tarea 2.

Después, tú vas a hacer dos preguntas al entrevistador sobre el tema de la Tarea 2.

CUADERNO DE ACTIVIDADES

Unidad 0

1 Relaciona cada pregunta con su respuesta.

1. ¿Cómo te llamas?
2. ¿Cuántos años tienes?
3. ¿De dónde eres?
4. ¿Cuándo es tu cumpleaños?
5. ¿Cuál es tu asignatura favorita?
6. ¿Por qué estudias español?
7. ¿Qué te gusta hacer?

a. Me gusta jugar al voleibol con mis amigas.
b. Mi asignatura favorita es Música.
c. Porque me encantan los idiomas.
d. Soy de España.
e. Tengo doce años.
f. Me llamo Alejandro Gutiérrez García.
g. Mi cumpleaños es el 12 de junio.

2 Completa los diálogos con los pronombres: *tú, usted, vosotros, ustedes.*

– Yo estudio español para entender las canciones.
¿............ por qué estudias español?

– ¿Para qué usan .... la tecnología?

– ¿Qué hacéis .... para aprender más español?
– A mí me gusta ver vídeos en Youtube.

– Hola. ¿............ es español verdad?
– Sí, y tú ¿de dónde eres?

3 Completa la tabla con los verbos.

	Viaj**ar**	Le**er**	Escrib**ir**
yo	viajo	....	....
tú	....	lees	....
él, ella, usted	....	....	....
nosotros/as	....	....	escribimos
vosotros/as	....	....	....
ellos/as, ustedes	....	....	....

UNIDAD 0

4 Completa la tabla. ¿Cómo usamos el verbo gustar?

A	mí	me	gusta	A mí me gusta jugar a los videojuegos.
				A él le gusta el chocolate.
			gustan	A ti te gustan las matemáticas.

4.1 Escribe tres cosas en cada lista.

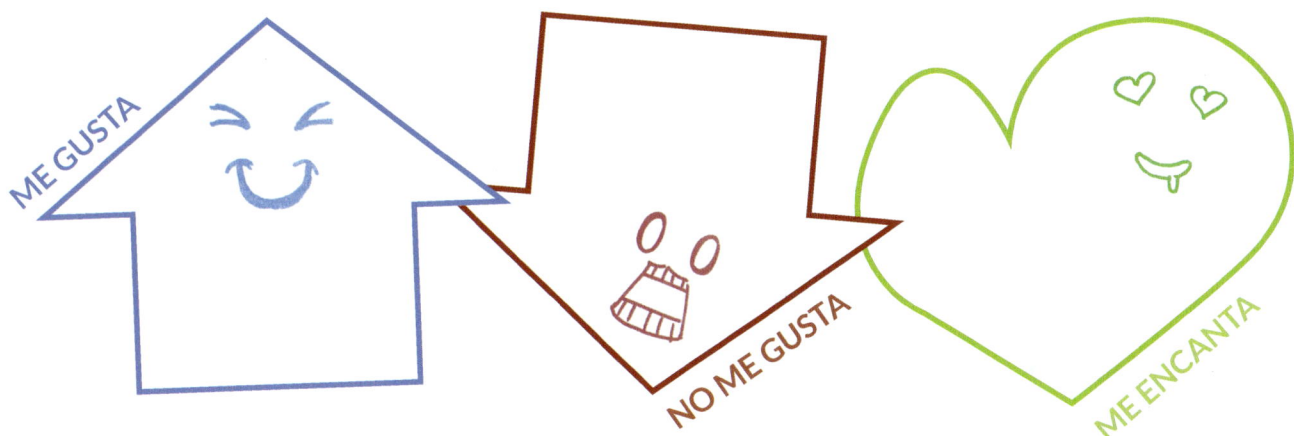

5 Escucha el diálogo y marca verdadero o falso.

Pista 1

	V	F
1. A Hugo no le gusta su nuevo colegio.	☐	☐
2. El gimnasio del colegio es grande y la sala de ordenadores es moderna.	☐	☐
3. Hugo es alto y gordito.	☐	☐
4. Gustavo es moreno, tiene el pelo largo y lleva unas gafas verdes.	☐	☐
5. En la foto, Gustavo está al lado de la profesora.	☐	☐
6. A Gustavo le gusta el rap y bailar *breakdance*.	☐	☐

6 Completa las oraciones con los verbos en presente.

1. .... inglés y chino. (*Ellos - hablar*)
2. .... canciones de Shakira en la radio. (*Nosotras - escuchar*)
3. .... español en el colegio. (*Yo - aprender*)
4. .... con su familia en México. (*Ella - vivir*)
5. .... en el parque todos los días. (*Vosotros - patinar*)
6. .... cómics en el autobús. (*Tú - leer*)

ciento tres

CUADERNO DE ACTIVIDADES

7 Haz tus nubes de palabras. Escribe 6 palabras relacionadas con cada una de estas fotografías.

Cama, salón

Pizza, tomate

Alta, pelo liso

8 Ordena las palabras y forma oraciones.

1. chico / el / guapo / liso / tiene / azules. / y / Ese / los / pelo / ojos / es
   ....
2. me / vivo / español. / Barcelona / en / llamo / soy / y / Luis, / Hola
   ....
3. hermana. / casa / Vivo / una / padres / en / muy / mis / con / y / mi / grande
   ....
4. encanta / en / ordenador. / español / me / ver / de / televisión / mí / A / en / el / series
   ....

9 Relaciona y forma oraciones.

Tú	1. monto	a. al cine todos los fines de semana.
Vosotros	2. están	b. muchos libros de aventuras.
Ellas	3. come	c. en el equipo de baloncesto.
Nosotras	4. vais	d. en bici todos los domingos.
Yo	5. estudiamos	e. poca fruta.
Usted	6. lees	f. para el examen de Inglés.

104 ciento cuatro

UNIDAD 0

10 Responde a las preguntas y escribe los números con letra.

¿Cuántos cuadernos hay?
Hay tres cuadernos.

1. ¿Cuántas pinturas de colores hay?
   ....

2. ¿Cuántas chinchetas hay?
   ....

3. ¿Cuántos lápices hay?
   ....

4. ¿Cuántos bolígrafos hay?
   ....

5. ¿Cuántas tijeras hay?
   ....

6. ¿Cuántas gomas hay?
   ....

11 Encuentra seis profesiones.

R	C	F	U	T	B	O	L	I	S	T	A	A	E	M
O	V	T	H	Y	X	A	X	B	S	E	L	U	S	W
J	I	A	S	J	W	O	R	O	H	B	T	H	T	R
C	A	N	T	A	N	T	E	H	Y	K	T	L	U	I
L	N	V	Y	I	X	V	L	A	P	K	E	D	D	T
G	L	H	M	R	H	H	P	R	J	T	L	P	I	A
D	K	G	L	G	A	M	M	O	Z	O	V	Y	A	F
H	U	K	Z	O	T	Q	E	S	S	Y	J	D	N	A
O	W	K	O	F	S	R	X	E	I	S	E	L	T	V
H	X	C	A	Y	I	P	L	F	Q	T	T	A	E	V
Q	T	N	C	M	N	P	E	O	D	V	Z	N	C	A
W	R	Z	T	Z	E	I	Y	R	V	Q	J	O	P	W
E	V	J	O	U	T	N	K	P	U	H	M	U	S	C
V	S	E	R	A	B	T	M	E	I	G	C	W	I	D
R	C	L	D	R	J	B	N	A	M	P	J	Y	H	B

12 ¿Cómo son mis amigos? Lee, mira la foto y completa.

Lucía es *pelirroja*, tiene el pelo *largo* y *liso*. Tiene los ojos *marrones*.

Jose es ...., tiene el pelo .... y .... Tiene los ojos ....

Natalia es ...., tiene el pelo .... y .... Tiene los ojos ....

ciento cinco 105

CUADERNO DE ACTIVIDADES

Unidad 1

1 Relaciona cada imagen con su nombre.

• cine • museo • centro comercial • biblioteca • restaurante •
• supermercado • estación de tren • parque • hospital • colegio •

2 Completa el siguiente crucigrama con nombres de establecimientos (panadería, pizzería...).

VERTICAL

1. Solo compro fruta, no me gusta la verdura.
2. Me gusta comer hamburguesas aquí.
3. Voy a comprar unos zapatos nuevos.
5. No me gusta este pan.
6. Aquí podemos beber café, refrescos y muchas bebidas.

HORIZONTAL

4. Me encantan las pizzas de este restaurante.
7. ¿Compramos juguetes para el cumpleaños de Luis?
8. ¿Tomamos un helado?
9. Necesito un cuaderno, unos bolis, papel para pintar y un estuche.

UNIDAD 1

3 Escribe cuatro cosas en cada lista. ¿Qué cosas hay y qué cosas no hay en una ciudad? ¿Y en un pueblo?

EN UNA CIUDAD

Hay	No hay

EN UN PUEBLO

Hay	No hay

4 Lee los textos. Después, lee las frases y marca verdadero (V) o falso (F).

Vivo en un pueblo de Madrid. En mi pueblo hay una iglesia, una pizzería y una hamburguesería. No hay cine ni teatro, tenemos que ir a la ciudad para ver películas.

En mi ciudad hay muchas cosas. Mi lugar favorito es un centro comercial. Allí hay muchos restaurantes y un cine.

En mi pueblo hay un teatro y los alumnos del instituto hacen obras de teatro todos los meses. Es muy divertido.

En mi ciudad hay un parque muy grande. Tiene un lago y fuentes. Me gusta jugar con mis amigos en el parque.

En mi pueblo hay una estación de autobuses muy pequeña. Hay un autobús que nos lleva a la ciudad. Sale todos los días a las diez de la mañana y a las cuatro de la tarde.

Me gusta mucho el arte. En mi ciudad hay un museo que abre los sábados y domingos a las once. ¡Me gusta mucho pasar el día allí!

	V	F
1. En todos los pueblos hay cine.	☐	☐
2. En la ciudad no hay parques.	☐	☐
3. Los alumnos del instituto hacen obras de teatro en el pueblo.	☐	☐
4. En el pueblo hay pizzería.	☐	☐
5. Los museos de la ciudad solo abren los sábados.	☐	☐
6. En el centro comercial de la ciudad hay una hamburguesería.	☐	☐

5 Completa los huecos con *hay un / hay una / hay unos / hay unas / no hay*.

1. En mi barrio .... hospital muy importante.
2. En mi ciudad .... edificios muy altos.
3. En mi ciudad .... pizzerías muy buenas.
4. En mi pueblo .... museo pequeño.
5. En mi pueblo .... hamburguesería y abre los fines de semana.
6. En mi barrio .... cines ni centros comerciales.

ciento siete **107**

CUADERNO DE ACTIVIDADES

6 Escucha las frases y marca cuál es el mapa correcto.
Pista 2

7 Contesta a las preguntas.

1. ¿Dónde está el parque? *El parque está a la izquierda del hospital.*
2. ¿Dónde está la cafetería? ....
3. ¿Dónde está la estación de autobuses? ....
4. ¿Dónde está la papelería? ....
5. ¿Dónde está el teatro? ....

8 Ordena las letras y escribe qué medio de transporte es.

vónai	rnte	orcab	sotaubu
otmo	elaibcict	ipe a	ecohc

108 ciento ocho

UNIDAD 1

9 Mira las fotos y corrige las siguientes frases. ¡Cuidado con los verbos!

~~Vas~~ en ~~coche~~ con mis padres.
Voy en bici con mis padres.

Van en barco con su madre.
....

Vas a París en bicicleta.
....

Voy a la playa en tren.
....

Vamos a Argentina a pie.
....

Van a Grecia en avión.
....

10 Escribe en cada lista los verbos irregulares que conoces.

Amigos de **ue**

Amigos de **ie**

10.1 Completa la tabla.

	Emp**e**zar (e>ie)	V**o**lver (o>ue)	Ir (completamente irregular)
yo			
tú			
él, ella, usted			
nosotros/as			
vosotros/as			
ellos/as, ustedes			

ciento nueve

CUADERNO DE ACTIVIDADES

10.2 Completa las frases con los verbos irregulares en presente.

1. (*querer, yo*) .... ir al cine el fin de semana con mis amigos.
2. Las clases (*empezar*) .... a las nueve de la mañana.
3. No (*entender, yo*) .... ¿(*poder, tú*) .... repetir?
4. Los padres de Susana (*volver*) .... a casa a las nueve.
5. No (*recordar, yo*) .... dónde está mi estuche.
6. La estación de autobuses (*cerrar*) .... a las diez de la noche en invierno, pero en verano (*cerrar*) .... a las doce.
7. Mis hermanos (*dormir*) .... en el mismo dormitorio.
8. Los fines de semana (*ir, nosotros*) .... a un curso de guitarra.

11 Escribe lo que quieren hacer estos chicos.

1. *Juan quiere ir al cine.*

2. Mi hermano ....

3. Yo ....

4. Mis amigas ....

5. Tú ....

6. Nosotras ....

12 Ordena las palabras y forma oraciones. Después, escucha y comprueba.

Pista 3

1. tren / Madrid? / sale / destino / hora / ¿A / con / qué / el

2. hay / heladerías. / barrio / En / muchas / mi

3. vamos / Este / Gijón / a / fin / semana / autobús. / de / en

4. puedes / metro / puedes / bici. / la / con / al / subir / No

UNIDAD 1

13 Completa con las preposiciones *a* o *en*.

1. Este año hay muchos niños nuevos .... el colegio.
2. El examen empieza .... las cuatro.
3. .... España los centros comerciales cierran .... las diez.
4. Vamos al colegio .... pie.
5. Siempre hay mucha gente .... la estación de autobuses.
6. Vivo .... un barrio muy tranquilo cerca de Santa Cruz.

14 Escribe el contrario de estos adjetivos para describir un barrio o ciudad.

Antiguo → ....
Bonita → ....
Grande → ....
Tranquilo → ....
Contaminado → ....

fea   limpio   pequeño   animado   moderno

15 Rodea la palabra que mejor describe cada imagen.

1. moderno / contaminado
2. tranquilo / moderno
3. feo / antiguo
4. pequeño / animado

15.1 Separa en sílabas las ocho palabras de la actividad anterior y rodea la sílaba tónica.

1. Moderno: ....
2. Contaminado: ....
3. Tranquilo: ....
4. Grande: ....
5. Feo: ....
6. Antiguo: ....
7. Pequeño: ....
8. Animado: ....

CUADERNO DE ACTIVIDADES

16 ¿Cómo son estos barrios? Completa con los adjetivos que conoces para describir ciudades.

Mi barrio en Ibiza es muy antiguo y pequeño. Las calles son muy tranquilas y hay poca gente.

Mi barrio en Madrid es ....
y ....
Las calles son .... y hay
....

Mi barrio en Barcelona es
....
....
....
....

17 Completa las oraciones con *muchos / muchas* o *poco / pocos / poca / pocas*.

1. Mi barrio es muy verde. Hay muy .... contaminación.
2. En el centro de Madrid hay .... casas.
3. Un centro comercial es un lugar con .... tiendas y .... personas.
4. En el parque siempre hay .... niños.
5. Una biblioteca es un lugar con .... libros para leer.
6. En las ciudades pequeñas hay .... edificios altos.

112 ciento doce

18 Observa los horarios y completa.

HELADERÍA ¡QUÉ RICO!
De lunes a sábados de ocho a ocho.
Domingos de doce a nueve.

Horario de la biblioteca
- Lunes a viernes: 9:00 a 21:00
- Sábados y domingos: 9:00 a 18:00

SALIDAS

HORA	DESTINO	COMPAÑÍA
18:05	Alicante	Turbobús
19:00	Pontevedra	Masbús
19:30	León	Busabús

HORA	DESTINO	VUELO	PUERTA	ESTADO
12:00	Valencia	AB 2564	C3	Retraso 15'
12:15	Santander	KJ 8964	K7	Cancelado
12:35	Zaragoza	RQ 6570	A1	En espera
12:45	Granada	BH 6987	B5	En espera

1. Los domingos la biblioteca cierra a las ....
2. El avión con destino a .... sale a las doce.
3. .... cierra los domingos.
4. La heladería cierra los sábados a las ....
5. El autobús a Pontevedra sale a las ....

Floristería Loli
Mañanas de nueve a dos
Tardes de cuatro a ocho
Domingos cerrado

19 Escucha los anuncios de la estación de autobuses y completa la tabla.
Pista 4

DESTINO	HORA DE SALIDA	HORA DE LLEGADA
Sevilla		
	7:45	
		10:45
		17:30

ciento trece 113

CUADERNO DE ACTIVIDADES

Unidad 2

1 Relaciona y escribe la actividad debajo de cada foto.

- volver a casa • levantarse • desayunar • lavarse los dientes • acostarse •
- cenar • vestirse • hacer los deberes • comer • ver la tele • ir al colegio • merendar •

Por la mañana

1. ....

2. ....

3. ....

4. ....

Por la tarde

5. ....

6. ....

7. ....

8. ....

Por la noche

9. ....

10. ....

11. ....

12. ....

UNIDAD 2

  Escucha los mensajes. Relaciona cada mensaje con una imagen.
Pista 5

Mensaje 1: ……   Mensaje 2: ……   Mensaje 3: ……   Mensaje 4: ……   Mensaje 5: ……

a. Cepillo de dientes   b. Libro   c. Mando de la tele   d. Bañador   e. Raqueta

 Observa la agenda de Mario y responde a las preguntas.

MI AGENDA SEMANAL /// NOVIEMBRE

LUNES
- Hacer los deberes en la biblioteca.
- Curso de natación de 17:30 a 19:00.

MARTES
- Ir a clase de guitarra de 16:30 a 17:30.
- Hacer los deberes en casa.

MIÉRCOLES
- Merendar en casa de los abuelos a las 17:30.
- Volver a casa en metro.

JUEVES
- Ir a clase de guitarra de 16:30 a 17:30.
- Estudiar para el examen de ciencias.

VIERNES
- Llevar a mi hemana a clase de baloncesto.
- Merendar en casa.

SÁBADO
- Ir a clase de piano de 11:00 a 12:00.
- Jugar al fútbol con Luis y Adri por la tarde.

DOMINGO
- Hacer los deberes por la mañana.
- 18:00, ir al cine con mi familia.

EXÁMENES
Lunes: Música
Viernes: Español

NOTAS
– Sábado: cumpleaños de mamá.
– Regalo de mamá: ¿un vestido o unos zapatos?

1. ¿Qué hace el martes después de ir a clase de guitarra?
2. ¿Qué hace los lunes antes del curso de natación?
3. ¿Dónde va con su hermana el viernes?
4. ¿Dónde merienda el miércoles?
5. ¿A qué hora va al cine con su familia?
6. ¿De qué hora a qué hora es el curso de natación?
7. ¿Qué hace el jueves antes de estudiar?

ciento quince

CUADERNO DE ACTIVIDADES

4 Ordena las letras y forma palabras relacionadas con la ropa.

ddeaurs

Una ....

tidesov

Un ....

alhcndá

Un ....

romefouin

Un ....

vqrouesa

Unos ....

aacims

Una ....

5 Escribe el artículo y el color de cada prenda de ropa. Observa el ejemplo.

1. Falda: *Una falda roja.*
2. Pantalones: ....
3. Camisa: ....
4. Jersey: ....
5. Vaqueros: ....
6. Vestido: ....
7. Zapatillas de deporte: ....

6 Observa la imagen y marca verdadero (V) o falso (F).

Cristina — Efe — Kate — Elif — Leo

1. Leo lleva pantalones vaqueros. V F
2. Kate lleva una chaqueta marrón. V F
3. Efe lleva una falda naranja. V F
4. Elif lleva un vestido amarillo. V F
5. Cristina lleva una falda blanca. V F
6. Todos llevan zapatillas deportivas. V F

UNIDAD 2

7 Completa: ¿qué ropa llevan?

Llevo una camiseta verde,
unos ....
........................,
unas ....
y una ....

Llevo una camiseta azul,
unos ....
........................,
unas ....
y una ....

8 ¿A dónde van? Escucha qué ropa llevan y señala a dónde van.
Pista 6

	A clase de natación	Al colegio	A hacer deporte
1. Mario			
2. María			
3. Mina			
4. Alicia			
5. Pedro			

9 Escribe los deportes que conoces. ¿Se escriben con el verbo *hacer* o con el verbo *jugar*?

HACE

Hace kárate
Hace patinaje

JUEGA AL

Juega al voleibol
Juega al waterpolo

ciento diecisiete

CUADERNO DE ACTIVIDADES

10 ¿Qué deporte practican estos campeones?

Usain Bolt
hace atletismo.

Lionel Messi

Mireia Belmonte

Pau Gasol

Serena y Venus Williams

Nairo Quintana

11 Encuentra estos deportes en la sopa de letras y escribe sus nombres debajo de las fotos.

```
O P O V O L E I B O L S G A
E L F E A U D E F Z A A F E
A T L E T I S M O S Z O J V
I R J Y S S O Y W Q M Q I X
T A N R U M F R U V N D E U
W A T E R P O L O L P A A Y
C I C L I S M O G K Y B N P
Y U N A E V F U T B O L O A
X V U K A R A T E O E A F X
P A T I N A J E O Q U G A N
S I V E X V L S O D I P H M
A X S P E C Y C Q T E N I S
N A T A C I O N C D Y O T U
B B P B A L O N C E S T O Z
```

Patinaje

Waterpolo

Voleibol

Kárate

UNIDAD 2

12 Encuentra y separa seis objetos relacionados con los deportes.

raquetacomerbicicletalibrobeberestudiarcuadernoleer

pelotalápizbañadorestuchepatinesordenadorcantargorro

13 Completa las listas. ¿Qué te pones...?

CUANDO JUEGAS AL FÚTBOL
- Camiseta de manga corta
- Pantalón corto
- Zapatillas

CUANDO HACES NATACIÓN

CUANDO HACES CICLISMO

CUANDO JUEGAS AL TENIS

14 Lee el texto y subraya los verbos reflexivos.

Todos los días por la mañana <u>me levanto</u> a las siete y media y me ducho. Después, desayuno con mi hermana. ¡Nos encanta desayunar juntos! Luego, me lavo los dientes, me peino y vamos a la parada del autobús. Casi siempre vamos al colegio en autobús, pero a veces vamos en el coche de mi vecina Carlota.

Las clases son de ocho y media a tres. A las tres volvemos a casa y comemos con mis abuelos. Después de comer, nos lavamos las manos y los dientes. Por la tarde, normalmente hago los deberes, pero mi hermana es muy pequeña y todavía no tiene. Cuando termino me visto y voy a jugar al baloncesto o al fútbol con mis amigos. Por la noche, cenamos con mis padres y hablamos del día. A las diez, nos ponemos el pijama y nos acostamos. A mí me gusta mucho leer antes de dormir.

14.1 Escribe el infinitivo de los verbos subrayados.

1. Levantarse
2.
3.
4.
5.
6.
7.
8.

ciento diecinueve 119

CUADERNO DE ACTIVIDADES

15 Relaciona los pronombres con los verbos.

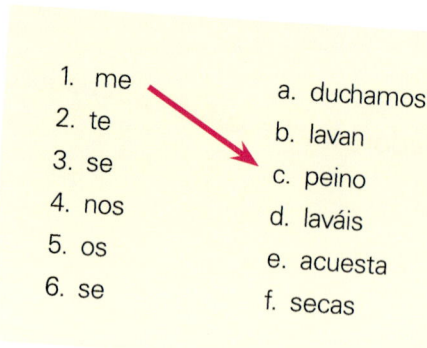

1. me
2. te
3. se
4. nos
5. os
6. se

a. duchamos
b. lavan
c. peino
d. laváis
e. acuesta
f. secas

16 Completa las frases con los pronombres: *me, te, se, nos, os, se*.

1. Nuestro padre .... despierta a las siete y media.
2. .... lavo los dientes antes de dormir.
3. ¿............. vistes antes de desayunar?
4. Mis hermanas .... secan el pelo después de ducharse.
5. Siempre .... laváis las manos antes de comer.
6. .... acostamos después de ver la televisión.

17 Elige la opción correcta, conjuga el verbo y completa las frases.

1. Mi abuelo .... (*ducharse / duchar*) todas las mañanas.
2. Laura .... (*acostarse / acostar*) a su hijo con música.
3. Mi hermano .... (*lavarse / lavar*) los dientes tres veces al día.
4. Todas los sábados .... (*secarse/secar*) el pelo a mi hermana pequeña. Es muy divertido.
5. Siempre .... (*lavarse / lavar*) la cara cuando me levanto.

18 En cada lista, escribe todos los verbos que conoces.

Amigos de *go*

Amigos de *ie*

Amigos de *ue*

120 ciento veinte

19 Lee las frases y corrige los errores. Después, escribe las frases bien en tu cuaderno.

1. Vosotros miriendais a las cinco de la tarde.
2. ¿Tú te vestes antes o después de desayunar?
3. Nosotros me acostamos a las diez y después leemos un libro.
4. Yo salo del colegio a las tres.
5. Ellos se pongen zapatillas para hacer deporte cuando juegan al fútbol.

20 Las siguientes palabras son agudas. Escribe la tilde si es necesario.

| avion | bebe | cancion | bañador |

| pais | mama | compas | camion |

| hotel | saltar | Paris | sofa |

21 Ordena las palabras y forma oraciones. Después, escucha y comprueba.

1. deberes / deporte. / Hago / antes / los / hacer / de
2. Ella / vestido / juega / se / pone / y / al / tenis. / cuando / zapatillas
3. Preferimos / desayunar. / hacer / después / la / de / cama
4. Peino / gatos / días. / mis / los / todos / a

22 Lee los siguientes textos y responde a las preguntas.

Hola, soy Natalia. Juego al voleibol dos veces a la semana. También me gusta jugar al baloncesto los domingos con mis amigos y hago ciclismo los sábados.

Hola, soy Luis. Me encanta jugar al fútbol, juego todos los jueves. Voy a la piscina a nadar tres veces a la semana y el fin de semana juego al tenis.

¡Hola! Soy Sara y me encanta hacer deporte. Juego al voleibol y al tenis una vez a la semana. También hago ciclismo los sábados. Mi deporte favorito es el atletismo, lo practico tres días a la semana.

Hola, ¿qué tal? Soy Marco. A mí me encanta hacer natación, nado dos veces por semana. También juego al baloncesto los lunes y los miércoles y al tenis tres veces a la semana.

1. ¿Quién juega más al voleibol?
2. ¿Quién juega más al tenis?
3. ¿Quién hace más atletismo?
4. ¿Quién juega más al baloncesto?
5. ¿Quién hace más natación?
6. ¿Quién juega más al fútbol?

Unidad 3

1 Escribe el nombre de las partes de la cara.

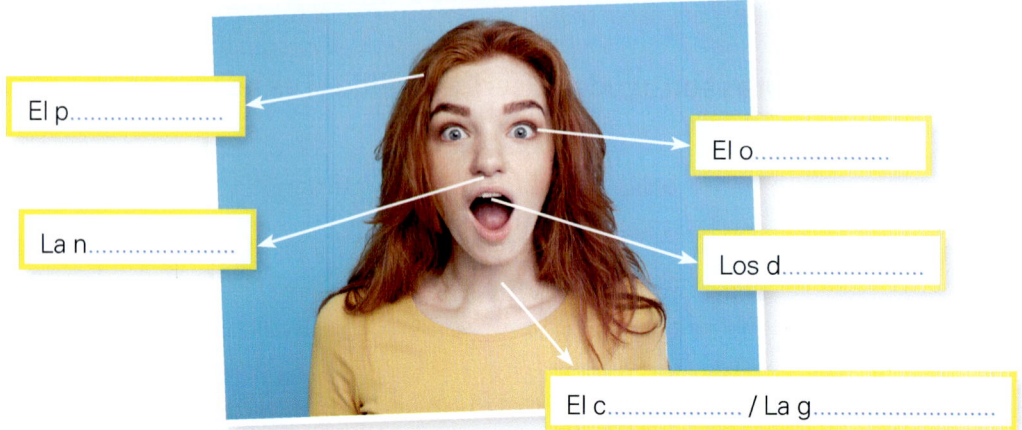

El p............
La n............
El o............
Los d............
El c............ / La g............

2 Escribe el nombre de las partes del cuerpo.

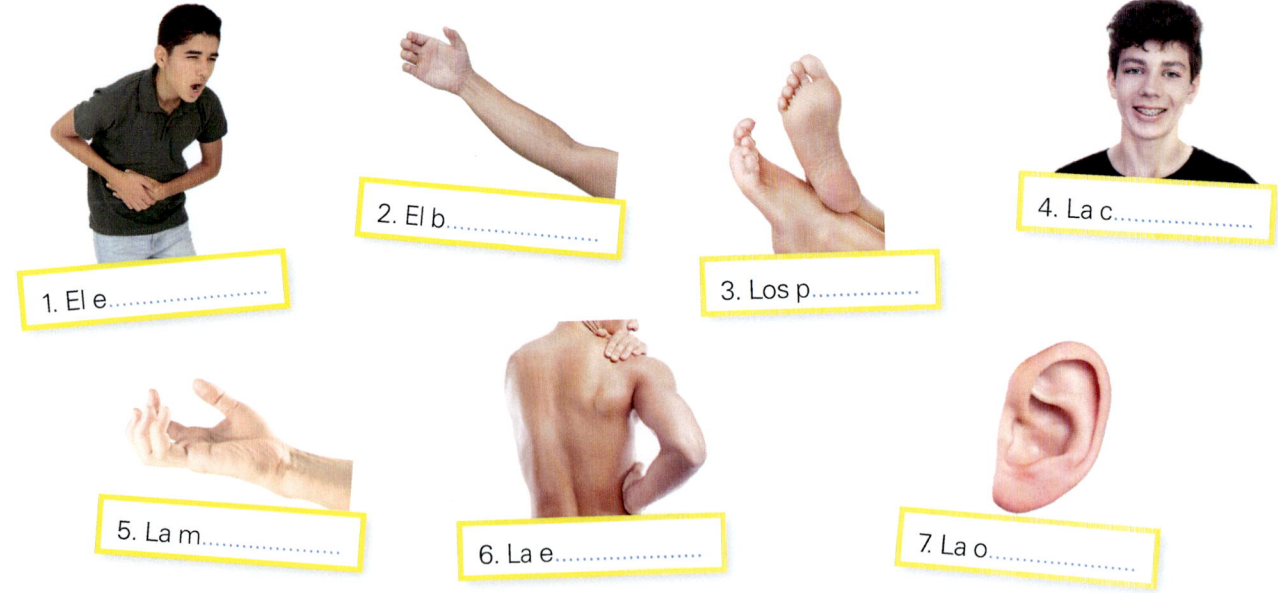

1. El e............
2. El b............
3. Los p............
4. La c............
5. La m............
6. La e............
7. La o............

3 Relaciona. ¿Qué crees que tienen?

Creo que tiene...
- ☐ dolor de espalda y cuello
- ☐ dolor de pies
- ☐ dolor de cabeza
- ☐ dolor de estómago
- ☐ dolor de garganta

UNIDAD 3

4 Escribe. ¿Qué hacen estos chicos? ¿Qué crees que les gusta? Usa *pienso que* y *creo que*.

Pienso que le gustan las hamburgueserías.
Creo que no hace deporte.

Pienso que no ....
....

....
....

....
....

5 ¿Qué tienes que hacer para…? Usa *hay que* y *tienes que*.

1. Para ganar el mundial de fútbol → *Hay que meter muchos goles.*
2. Para jugar en Roland Garros → ....
3. Para jugar en la NBA → ....
4. Para ganar las olimpiadas de natación → ....
5. Para ganar el Tour de Francia → ....

hacer deporte
tener una vida saludable
descansar
correr
tener el apoyo de tu familia
practicar
entrenar

6 Escucha los mensajes de un consultorio de radio y escribe un consejo para cada uno de ellos.

Mensaje 1: *Luis, tienes que estudiar. Puedes ir a la biblioteca.*
Mensaje 2: María tienes que..
              Puedes ....
Mensaje 3: ....
....
Mensaje 4: ....
....

ciento veintitrés **123**

CUADERNO DE ACTIVIDADES

7 Escribe. ¿Cómo están o qué tienen estos monstruos?

1. Tiene *sed.* 2. Está .... 3. Está .... 4. Tiene .... 5. Tiene ....

6. Tiene .... 7. Está .... 8. Tiene .... 9. Está .... 10. Tiene ....

8 Completa como en el ejemplo.

1. María está cansad**a**. → María y Luis están *cansados*.
2. Juan está nervios**o**. → Katerina está ....
3. Jorge y Hans están enferm**os**. → Eva y Anne están ....
4. Iván y Lola están enfadad**os**. → Fátima y Amina están ....

9 Completa como en el ejemplo. Usa los verbos *estar* y *tener*.

1. Mi madre *está* enfadada con mi hermana.
2. ¿Qué hora es? .... (yo) hambre.
3. .... (nosotros) cansados de montar en bici.
4. .... (ella) nerviosa porque mañana tienen un examen.
5. Un vaso de agua, por favor. .... (yo) mucha sed.
6. ¿Dónde está el termómetro? Creo que .... (tú) fiebre.
7. ¡Es muy tarde ya! ¿No .... (vosotros) sueño?

10 Cambia las oraciones como en el ejemplo. Tienen que tener el mismo significado.

1. Tengo dolor de espalda. → *Me duele la espalda.*
2. Tengo dolor de cabeza. → ....
3. .... → Me duele el cuello.
4. .... → Me duele el estómago.
5. Tengo dolor de garganta. → ....

UNIDAD 3

11 Relaciona.

1. A mí
2. A ti
3. A él / ella - usted
4. A nosotros/as
5. A vosotros/as
6. A ellos/as - ustedes

a. **le** duele la cabeza.
b. **les** duele la garganta.
c. **te** duele el cuello.
d. **os** duelen las piernas.
e. **me** duele el pie derecho.
f. **nos** duelen las manos.

Pista 9

12 Escucha y escribe las palabras donde corresponde: ¿duele o duelen?

13 Completa con la forma correcta del verbo *doler*.

1. Si corro mucho *me duelen* las piernas.
2. Después de estudiar, a mi hermano .... la cabeza.
3. Tu mochila es muy grande, ¿No .... (tú) .... la espalda?
4. Si leen con poca luz .... (ellos) .... los ojos.
5. A nosotros no .... los brazos cuando nadamos.
6. ¿Tienes un caramelo? .... (yo) .... la garganta.

14 Completa la tabla de los verbos regulares en imperativo.

	Tú	Vosotros
Verbos **-ar** →	Practic..........	Practic..........
Verbos **-er** →	Beb..........	Beb..........
Verbos **-ir** →	Viv..........	Viv..........

ciento veinticinco

CUADERNO DE ACTIVIDADES

15 Escribe la persona de los siguientes verbos en imperativo: ¿*tú* o *vosotros*?

1. Escribe → ....
2. Cierra → ....
3. Bebed → ....
4. Comed → ....
5. Practica → ....

6. Vive → ....
7. Escucha → ....
8. Mirad → ....
9. Dibujad → ....
10. Juega → ....

16 Transforma estas oraciones de presente a imperativo. Observa el ejemplo.

1. Estudias para el examen. → *Estudia para el examen.*
2. Practicáis kárate tres días a la semana. → ....
3. Vas al colegio con tu hermano. → ....
4. Salís de casa a las ocho menos cuarto. → ....
5. Pones mi canción preferida en el móvil. → ....
6. Haces los deberes después de merendar. → ....
7. Decís siempre la verdad. → ....

17 Escribe el imperativo de estos verbos reflexivos.

1. Bañarse: *báñate* (tú)
   bañaos (vosotros)
2. Dormirse: .... (tú) (amigo de **ue**)
   .... (vosotros)
3. Despertarse: .... (tú) (amigo de **ie**)
   .... (vosotros)
4. Levantarse: .... (tú)
   .... (vosotros)

5. Acostarse: .... (tú) (amigo de **ue**)
   .... (vosotros)
6. Lavarse: .... (tú)
   .... (vosotros)
7. Sentarse: .... (tú) (amigo de **ie**)
   .... (vosotros)
8. Ducharse: .... (tú)
   .... (vosotros)

UNIDAD 3

18 ¿Cómo se forman las condicionales? Completa la tabla y añade ejemplos.

Condicional 1	Condicional 2
Si .... + ...	Si .... + ...
1. Si estás cansado, *tienes que descansar.*	1. *Si queréis leer*, id a la biblioteca.
2. Si estás nerviosa, ...	2. Si tienes nauseas, ...
3. ...., podemos nadar.	3. ...., haced deporte.

19 Escribe consejos para una vida sana. Utiliza el imperativo plural y los verbos de la tabla.

hacer yoga   comer verduras   ir al gimnasio   comer fruta   hacer deporte   montar en bici

caminar   correr   beber agua   hacer dieta   dormir 8 horas   ir a ver al doctor

Haced yoga dos veces por semana.

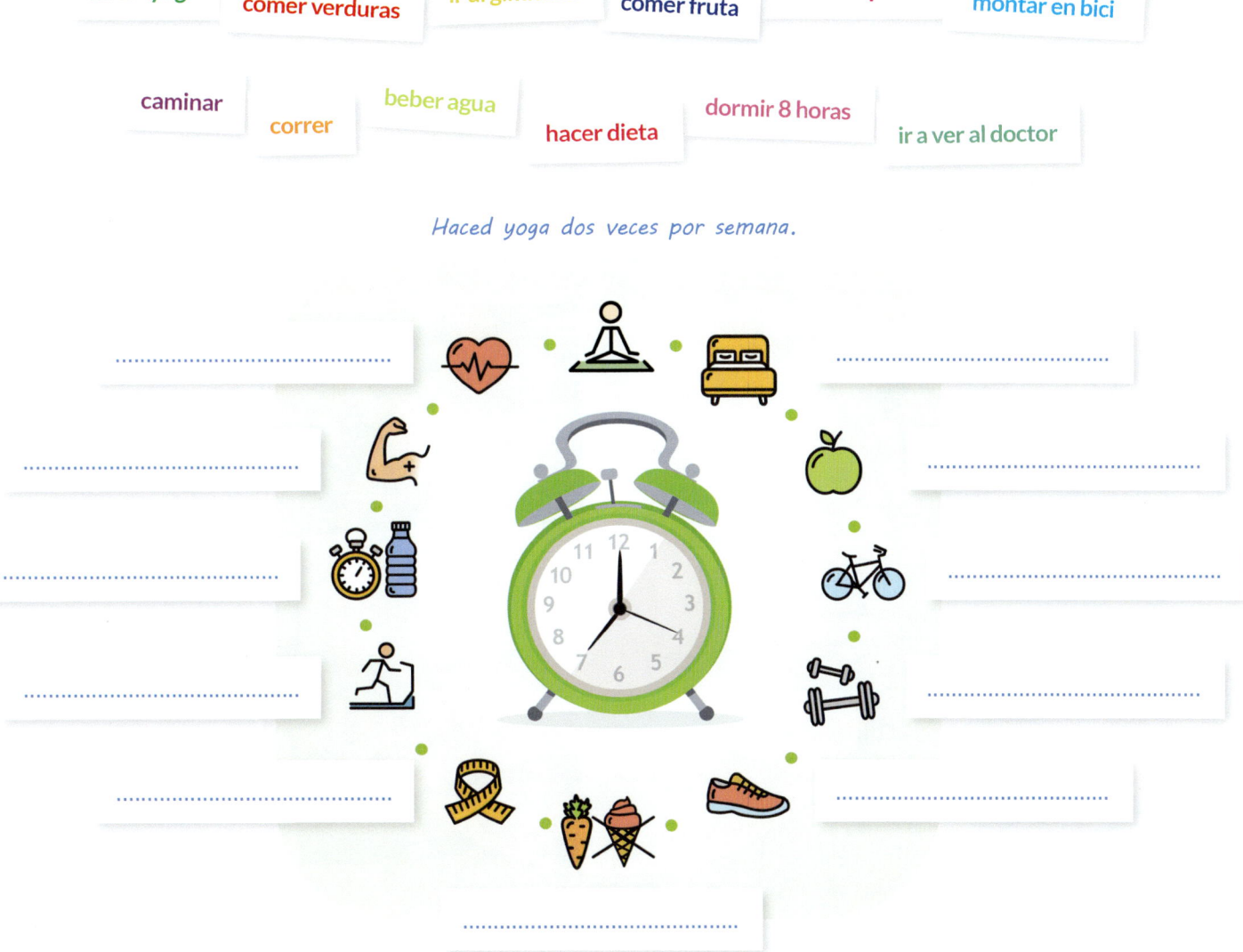

ciento veintisiete 127

CUADERNO DE ACTIVIDADES

20 Ordena las palabras y forma oraciones.

1. asignaturas, - Si - aprobar - quieres - las - que - mucho. - tienes - todas - estudiar
....

2. cabeza. - descansar - duele - te - si - que - la - Tienes
....

3. Si - come - tienes - hambre, - manzana. - una
....

4. temprano. - sueño - por - acuéstate - Si - las - tienes - mañanas,
....

21 Escucha y relaciona los siguientes consejos con el problema de estos chicos.

[1] Toma una aspirina.
[ ] Bebe agua.
[ ] Siéntate aquí.

[ ] Estudia un poco.
[ ] Juega al baloncesto.
[ ] Coge mi chaqueta.

22 Mira las fotos y escribe un consejo para estos chicos. Usa las estructuras que conoces (condicionales, tienes que, puedes...).

Si tienes sueño por la mañana, acuéstate temprano. Hay que acostarse temprano para ir al colegio.

128 ciento veintiocho

UNIDAD 3

23 Relaciona y escribe qué tipo de libros son.

de terror   de aventuras   cómic   de fantasía   romántico

MAGO POR CASUALIDAD
Laura Gallego
Ratón es un chico que por casualidad recibe los poderes mágicos del mago Calderaus.
1. ....

JENTE AKI
Antonio Municio
Dos compañeros de piso tienen que sobrevivir a una plaga zombi en su ciudad, Zaragoza.
2. ....

DON QUIJOTE DE LA MANCHA
Miguel de Cervantes
Esta novela cuenta las aventuras y desventuras del hidalgo español Don Quijote y su amigo Sancho Panza.
5. ....

MORTADELO Y FILEMÓN
Francisco Ibáñez
Mortadelo y Filemón es una historieta de dibujos que cuenta las aventuras cómicas de estos dos detectives.
3. ....

EL AMOR EN LOS TIEMPOS DE CÓLERA
Gabriel García Márquez
Esta novela cuenta la historia de amor a lo largo de los años entre Florentino Ariza y Fermina Daza.
4. ....

24 Observa estas palabras llanas y escribe tilde si es necesario.

chandal   cara   mano   futbol   brazo

arbol   artista   movil   tijeras   azucar

25 Clasifica las siguientes palabras en agudas o llanas, según su tilde:

cómic   portátil   sofá   Perú   hámster   bebé

Agudas
....
....
....

Llanas
....
....
....

ciento veintinueve 129

CUADERNO DE ACTIVIDADES

Unidad 4

1 Relaciona:

1. Ir a esquiar
2. Viajar
3. Practicar
4. Ir a ver una exposición
5. Ir a la feria
6. Ir a un
7. Ir a nadar
8. Comprar una entrada

a. deportes de aventura.
b. a la piscina.
c. a bailar flamenco.
d. en avión.
e. espectáculo de magia
f. a las montañas.
g. en el museo.
h. para el cine.

2 Ordena el diálogo.

☐ **Lucía:** - Pues... ¿quedamos a las cinco?

☐ **Lucía:** - ¡Claro, Miguel! Podemos ver la nueva de superhéroes.

☐ **Lucía:** - ¡Perfecto! Hasta el sábado.

☐ **Miguel:** - ¡Hola Lucía! ¿Te apetece ir al cine?

☐ **Miguel:** - Por la mañana tengo que estudiar.

☐ **Lucía:** - Sí, el sábado estoy libre, ¿por la mañana o por la tarde?

☐ **Miguel:** - Vale, nos vemos en la plaza a las cinco menos cuarto.

☐ **Miguel:** - ¡Buena idea! ¿Puedes el sábado?

UNIDAD 4

3 Clasifica las siguientes expresiones en cada lista.

Lo siento   ¡Qué buena idea!   ¡Qué aburrido!   No me apetece
Me parece bien   ¡Perfecto!   ¡Qué idea más guay!   No puedo

Aceptar un plan

Rechazar un plan

4 Escucha el audio y señala si estos chicos aceptan o rechazan los planes de sus amigos.
Pista 11

	Aceptar ✓	Rechazar ✗
1. Alejandra	☐	☐
2. Piotr	☐	☐
3. Eleni	☐	☐
4. Iván	☐	☐

ciento treinta y uno 131

CUADERNO DE ACTIVIDADES

5 Lee estas invitaciones. Después, escribe una respuesta para aceptar o rechazar el plan.

– ¿Quedamos el viernes para patinar?
– ✗ ....

– ¿Vamos al cine el domingo por la tarde?
– ✓ ....

– ¿Te apetece ir de compras al centro comercial?
– ✓ ....

– ¿Por qué no hacemos un picnic el domingo?
– ✗ ....

– ¿Quieres ir al Museo de Cera el fin de semana?
– ✗ ....

– ¿Vienes al concierto de Álvaro Soler con nosotras?
– ✓ ....

6 Imagina y escribe. ¿Qué planes tienen estas personas?

Ellas van a ir a Argentina para estudiar español.

132 ciento treinta y dos

UNIDAD 4

7 ¿Qué quiere hacer Mariela?

Mariela no quiere estudiar.
1. *Mariela quiere* ....
2. ....
3. ....
4. ....
5. ....

8 Encuentra los meses del año en esta sopa de letras y escríbelos. ¿A qué estación corresponden estos meses en tu país?

E	Y	M	O	I	O	D	Q	N	S	Y	J	R	M	O	Z	I
N	G	A	P	U	G	C	C	O	Q	E	U	M	C	Z	V	G
E	S	I	N	N	C	K	T	B	W	K	N	N	K	Z	W	U
R	Z	E	M	O	Q	M	I	U	D	D	I	O	B	I	A	X
O	K	F	Y	V	Q	D	G	O	B	K	O	Z	Y	A	B	W
S	E	P	T	I	E	M	B	R	E	R	I	E	F	K	R	E
D	G	Y	E	E	J	E	W	R	D	P	E	Y	Y	N	I	Y
G	I	Y	D	M	U	E	O	V	O	E	M	C	A	M	L	S
L	I	C	H	B	L	S	A	S	A	O	A	S	T	K	J	Z
U	U	I	I	R	I	C	B	U	G	R	Y	H	D	F	P	L
G	E	Y	M	E	O	V	N	P	A	Y	O	B	O	Z	J	F
S	O	V	S	A	M	F	V	G	Z	X	M	D	K	P	U	E
V	L	U	H	A	R	B	U	X	X	A	N	I	C	X	M	B
A	G	O	S	T	O	Z	R	T	I	C	R	E	O	A	Q	R
P	A	A	N	V	H	G	O	E	E	U	H	Z	G	Z	Y	E
E	G	H	T	N	M	Z	U	M	H	T	E	A	G	T	G	R
L	O	I	I	F	A	H	T	H	S	T	I	C	A	Y	M	O

1. ....
2. ....
3. ....
4. ....
5. ....
6. ....
7. ....
8. ....
9. ....
10. ....
11. ....
12. ....

9 Lee y relaciona las imágenes. Después, contesta a las preguntas.

1. ❄️ 2. 🌡️ 3. ☀️ 4. ☁️ 5. 🌧️ 6. ☁️ 7. ❄️ 8. 💨

¿En tu ciudad, en qué meses....

- **3** hace sol? *En mi ciudad hace sol en abril, mayo, junio, julio, agosto y septiembre.*
- ☐ hace viento? ....
- ☐ está nublado? ....
- ☐ hace calor? ....
- ☐ está lloviendo? ....
- ☐ hay tormenta? ....
- ☐ está nevando? ....
- ☐ hace frío? ....

ciento treinta y tres

CUADERNO DE ACTIVIDADES

10 Mira el mapa del tiempo de mañana en estas ciudades españolas y responde a las preguntas.

1. ¿Qué tiempo va a hacer en Cádiz? *En Cádiz va a hacer sol.*
2. ¿Qué tiempo va a hacer en Valencia? ....
3. ¿Qué tiempo va a hacer en Madrid? ....
4. ¿Qué tiempo va a hacer en Zaragoza? ....
5. ¿Qué tiempo va a hacer en Bilbao? ....

11 Completa la tabla con las reglas de acentuación.

	Sílaba tónica	Se acentúan cuando...	Ejemplos
Agudas	....	Acaban en .... o	.... , ...
Llanas	....	No acaban en ...., ni en ...., ni en	.... , ...
Esdrújulas	....	....	.... , ...

11.1 Escribe tilde en las palabras que la llevan.

Agudas: cancion, hotel, cafe, solucion, dientes, frances, autobus.

Llanas: sacapuntas, record, amarillo, lapiz, amigo, facil, angel.

Esdrújulas: America, brocoli, pagina, numero, camara, centimetro, pelicula.

UNIDAD 4

12 Clasifica estas palabras en agudas, llanas y esdrújulas según la tilde de su sílaba tónica.

sofá   móvil   México   miércoles   información   papá   estómago   azúcar

difícil   esquí   fácil   lápiz   sábado   avión   fantástico

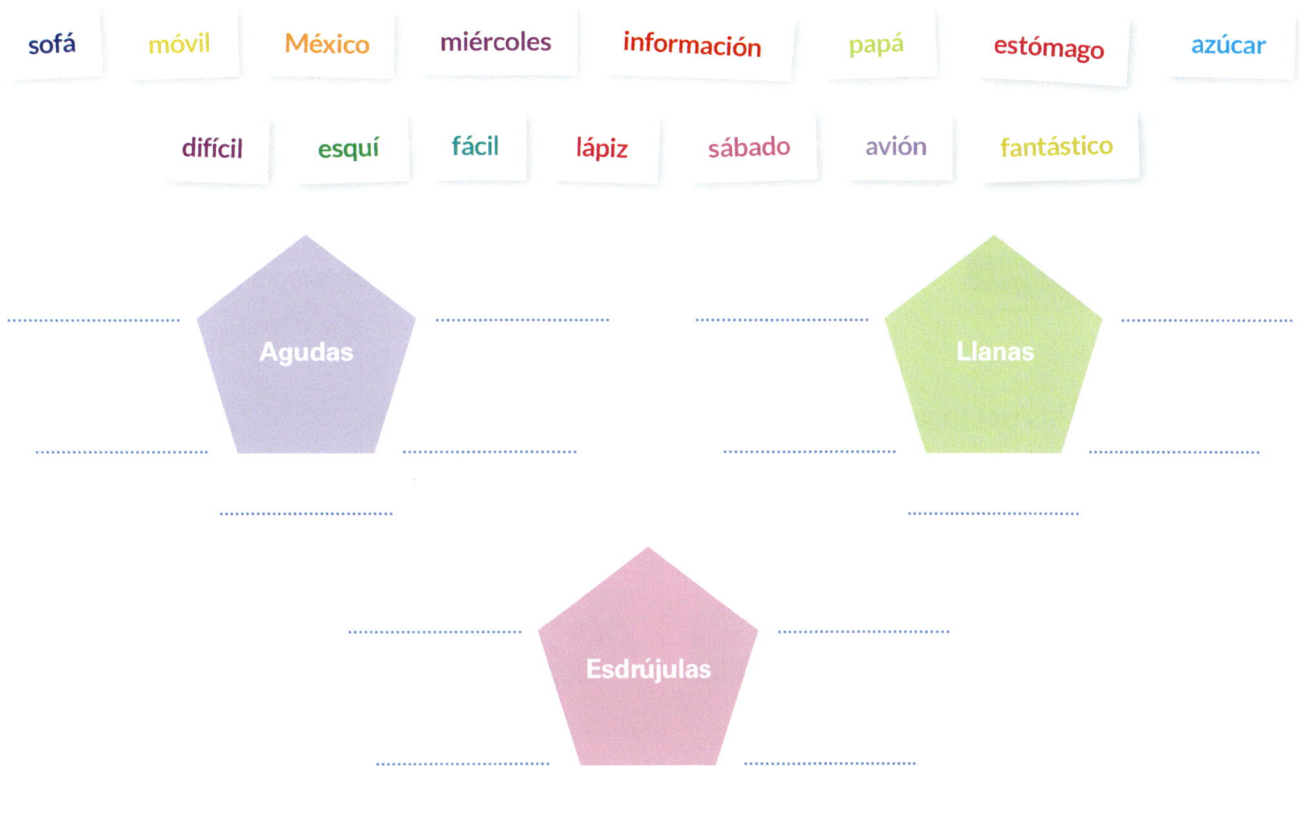

13 Completa la tabla de los verbos irregulares *ir* y *venir*.

	Ir	Venir
yo		
tú		
él, ella, usted		
nosotros/as		
vosotros/as		
ellos/as, ustedes		

14 Escucha y lee las frases: ¿son iguales? Corrige el verbo si es necesario.
Pista 12

1. Venimos a ir al cine este fin de semana, ¿quieres venir? ....
2. Hola Juan, soy tu abuela, ¿voy a casa a merendar? ....
3. ¿Vas al concierto de Álvaro Soler este sábado? ....
4. Venís a la playa esta tarde. ....
5. Va a estudiar a la biblioteca con mi hermana. ....

ciento treinta y cinco

CUADERNO DE ACTIVIDADES

15 Completa las frases con los verbos *ir* y *venir*.

1. Esta tarde *vamos* a ir al teatro a ver la obra de mi hermano pequeño. ¿Vienes?
2. ¿.................... mañana a mi casa? Mi madre va a preparar espaguetis con salsa boloñesa.
3. Mañana .... a estudiar todo el día, tenemos examen de Inglés.
4. Nos vamos a la playa esta tarde, ¿.................... con nosotros?
5. Este año .... de excursión al Museo de Ciencias. ¡Hay muchos dinosaurios allí!

16 Relaciona las palabras con sus pronombre de objeto directo.

Coches
Carpetas
Biblioteca
Estuche

Lo — La
Los — Las

Camiseta
Pizzas
Pescado
Bolígrafos

17 Relaciona las preguntas con las respuestas y escribe el pronombre de objeto directo.

1. ¿Cuándo vas a ver la nueva película de superhéroes?
2. ¿Dónde compra los libros Carla?
3. ¿Cuándo preparas tu mochila?
4. ¿Dónde tienes las carpetas nuevas?
5. ¿Dónde ves vídeos para aprender español?

A. Todos los días *la* preparo antes de ir al colegio.
B. Carla .... compra en la librería de su barrio.
C. .... veo en Youtube todas las semanas.
D. .... voy a ver este fin de semana.
E. .... tengo en la mochila.

18 Corrige los errores de estas frases.

1. - ¿Conoces a Miguel de Cervantes? - Sí, la conozco.
2. - ¿Has visto las fotos del viaje a Sevilla? - No, no los he visto.
3. - ¿Cuándo hacéis los deberes normalmente? - Las hacemos después de jugar al fútbol.
4. - ¿Cuándo escuchas música? - Las escucho cuando me ducho.
5. - ¿Vas a invitar a tus amigos al cumpleaños? - Sí, voy a invitarla para ir al cine.

19 Responde a las preguntas. Usa los pronombres de objeto directo.

1. ¿Quién levanta la mano en clase el primero? *En mi clase la levanta Laura.*
2. ¿Dónde compras los libros? ....
3. ¿Dónde pones los cuadernos del colegio? ....
4. ¿Cuándo estudias español? ....
5. ¿Tenéis tarjeta de transporte en tu ciudad? ....

UNIDAD 4

 20 Escucha y rodea en el mapa dónde vive Miguel. Dibuja el camino a su casa en el mapa.
Pista 13

21 Lee y relaciona los anuncios del tablón con los monstruos.

☐ **Curso de trucos de magia y juegos de cartas**
Todos los sábados de agosto de once a doce de la mañana en el centro municipal.

☐ **Curso para cantantes de ópera**
Lunes y miércoles de cinco a seis de la tarde.
Tel.: 158 932 1478

☐ **Biblioteca Literaria**
Todos los jueves de diciembre de siete a ocho cuentacuentos musical.

☐ **Gimnasio PonteEnForma**
Misión bienestar
¡50% de descuento todo el mes de junio!

1 ¡Me encanta hacer deporte!

2 Mi sueño es ser una cantante famosa.

3  Me gustan las historias y los libros.

4 Los trucos y la magia me parecen muy divertidos.

ciento treinta y siete **137**

Unidad 5

1 Ayuda al monstruo a pensar dónde puede ir de vacaciones.

2 ¿Qué llevo en mi equipaje? Escribe el nombre de estos objetos.

UNIDAD 5

3 Escribe con letra estos números.

1. El Everest es muy alto, mide 8846 m.
   Ocho mil ochocientos cuarenta y seis.

2. La Cordillera de los Andes es la más grande de América. Mide 7240 km.
   ....
   ....

3. El pico más alto del mundo mide 6962 m.
   ....

4. El río Amazonas es muy largo, 6400 km.
   ....

5. El Teide es el volcán más alto de España, mide 3718 km.
   ....

4 Lee las frases y escribe con números como en el ejemplo.

1. Mil cuatrocientos setenta y dos. *1472*

2. Seis mil doscientos treinta y uno.
   ....

3. Cuatro mil tres.
   ....

4. Dos mil diecisiete.
   ....

5. Mil novecientos ochenta y dos.
   ....

6. Diez mil quinientos veintitrés.
   ....

 ### 5 Escribe con letra los números que escuchas.

1. ....
2. ....
3. ....
4. ....
5. ....
6. ....

6 Elige la opción correcta.

1. Me levanto mucho / muy temprano por la mañana.
2. Me encanta ir de vacaciones al norte de España porque no hace mucho / mucha calor.
3. Estudio muchos / mucho para ir de vacaciones en verano.
4. En mi ciudad hay muchos / muchas museos mucho / muy interesantes.
5. Ese souvenir es muy / mucho caro, este es más barato.

7 Corrige los errores de las siguientes frases.

1. En mi país hay muchos islas.
2. ¿Hace mucha calor en tu ciudad?
3. Muy gente va de vacaciones a la playa. Yo prefiero la montaña.
4. Esa montaña es mucha alta.
5. Vamos a visitar mucho lugares en nuestro viaje.

ciento treinta y nueve **139**

CUADERNO DE ACTIVIDADES

8 Imagina que estás en España de vacaciones. Elige 4 objetos que quieres comprar. Después, escribe cuánto cuestan y cómo los vas a pagar.

Reloj digital 200 euros	 Postales 2 euros	 Zapatillas 60 euros	 Galletas 10 euros	 Imanes 5 euros
 Gafas de sol 110 euros	 Camisetas de fútbol 90 euros	 Abanicos 15 euros	 Tazas 20 euros	 Jamón 75 euros

> Cuando voy de vacaciones compro chocolates.

> Los chocolates cuestan 5 euros.

> Pago los chocolates en efectivo.

9 Busca en la nube diez palabras relacionadas con las vacaciones y escríbelas en el cuaderno.

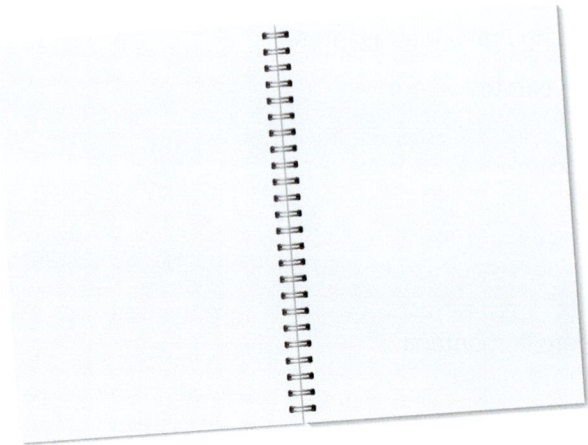

140 ciento cuarenta

10. ¿Dónde vas de vacaciones? Lee el texto y después escribe.

Este año voy a ir de vacaciones a la montaña.

En mi maleta, voy a llevar ropa de deporte, ¡hay que ir cómodo! También voy a llevar mi cámara de fotos porque hay muchos lugares bonitos.

Voy a dormir en un camping para poder estar en la naturaleza.

Este año ....

En mi maleta ....

Voy a dormir ....

11. Completa con los nombres de los puntos cardinales.

N..................

O.................. E..................

S..................

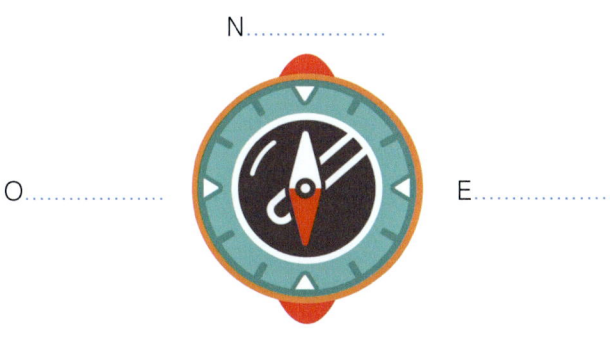

11.1 Mira el mapa y completa con los puntos cardinales.

1. Perú está al *sur* de Ecuador.
2. El río Amazonas está al .... de Perú.
3. El Océano Pacífico está al .... de Perú.
4. Cusco está al .... de Machu Pichu.
5. Lima está al .... de Trujillo.
6. Colombia está al .... de Perú.

CUADERNO DE ACTIVIDADES

12 Ordena estas letras para formar palabras. Después, léelas en voz alta y fíjate en cómo suena cada sílaba.

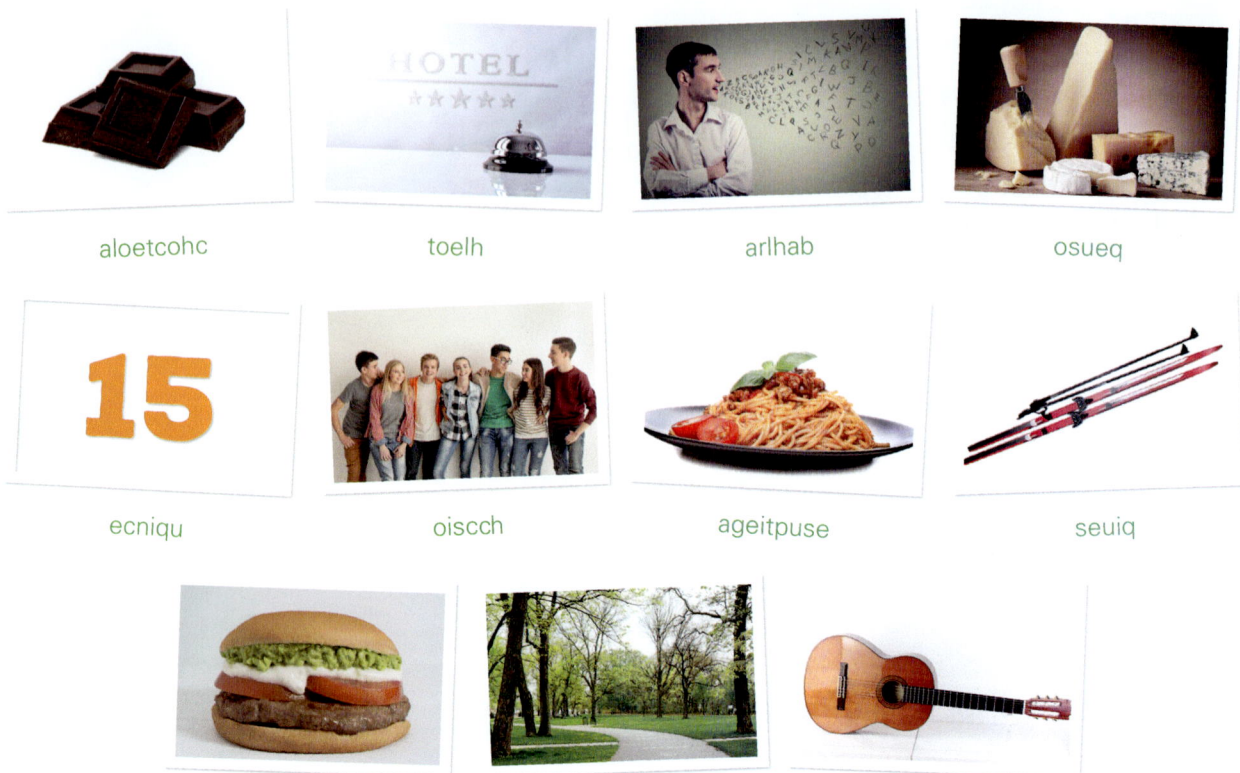

aloetcohc   toelh   arlhab   osueq

ecniqu   oiscch   ageitpuse   seuiq

asmauhurbge   equarp   rragutai

13 Escucha las palabras y escríbelas en la tabla en el lugar correcto.

Pista 15

H	Ch	Que	Qui	Gue	Gui
_	_	_	_	_	_
_	_	_	_	_	_
_	_	_	_	_	_

14 Une las frases y utiliza "que" para formar una oración. Observa el ejemplo:

1. Mi amiga tiene un perro. El perro se llama Curro.
   Mi amiga tiene un perro que se llama Curro.
2. Quito es la capital de Ecuador. Quito está al norte del país.
   ....
3. Este año vamos de vacaciones a un camping. El camping está en la playa.
   ....
4. En el hotel rural hay una granja. La granja es muy grande y con muchos animales.
   ....
5. Me gusta ir a nadar con mis hermanos al río. El río está en el pueblo de mis abuelos.
   ....

UNIDAD 5

15 Relaciona las siguientes frases.

1. Mi hermana tiene un novio
2. Voy a ir a un hotel de playa
3. Hay un autobús entre Madrid y Barcelona
4. Vamos a visitar las montañas
5. Mi padre tiene una bicicleta
6. En Buenos Aires hay muchos músicos
7. Vamos al cine a ver una película

a. que tocan instrumentos en la calle.
b. que es de aventuras.
c. que es roja.
d. que cuesta cien euros la noche.
e. que están al sur del país.
f. que es de México.
g. que para en Valencia.

16 Lee el texto y marca si las frases son verdaderas (V) o falsas (F).

Todos los años vamos de vacaciones a América del Sur que es el continente favorito de mis padres.

Este año vamos a ir a Argentina, un país que tiene lugares muy interesantes para ver. Primero queremos ver las Cataratas del Iguazú que están al norte, en la provincia de Misiones. También queremos ir a Perito Moreno, unas grandes montañas de hielo que están al sur y donde hay muchos pingüinos.

También hay muchas cosas que ver en Buenos Aires, que es la capital del país.

Pensamos ir a Caminito, un barrio muy bonito y con muchos colores, y comer en restaurantes típicos que hacen muy buenos asados.

Asado · Caminito · Cataratas de Iguazú · Perito Moreno

	V	F
1. Este año también van a ir de vacaciones a América del Sur.	☐	☐
2. Las cataratas del Iguazú están al sur del país.	☐	☐
3. Perito Moreno es una playa del sur de Argentina.	☐	☐
4. Caminito no es la capital de Argentina.	☐	☐
5. En Caminito no hay restaurantes.	☐	☐
6. Los asados están muy ricos.	☐	☐

ciento cuarenta y tres

CUADERNO DE ACTIVIDADES

17 Completa con las formas correctas de presente de estos verbos irregulares.

1. Yo siempre .... (hacer) los deberes de verano en agosto.
2. Para ir de vacaciones a la montaña .... (vosotros, vestirse) con ropa deportiva.
3. Todos los veranos .... (nosotros, ir) a un hotel rural durante las vacaciones.
4. Todos los días mi hermana .... (merendar) en casa.
5. Dorian .... (dormir) con la ventana cerrada porque siempre tiene mucho frío.
6. Los billetes de avión .... (costar) quinientos euros. ¡Son muy baratos!
7. Pedro y Luis .... (tener) una hermana que vive en el sur de la Patagonia.
8. ¿.................. (tú, entender) al novio de tu hermana que es brasileño?
9. Este invierno .... (nosotros, querer) ir a esquiar a los Alpes suizos.
10. Las vacaciones .... (empezar) el 21 de junio.

18 Rodea la forma correcta de estos verbos irregulares.

En las vacaciones de invierno todos los años voy / va al pueblo de mis abuelos, que está en los Picos de Europa. Mi hermano y yo siempre duermimos / dormimos hasta muy tarde y todos los días desayunamos leche con miel y tostadas. Después, normalmente jugo / juego con mi abuelo a las cartas y, a veces salgo / salo a caminar con mi abuela, que me cuenta / conta muchas historias.

Por la tarde, tenemos muchas opciones: podemos / puedemos ir a esquiar a la montaña, quedarnos en casa y merendar / meriendar juntos o ver una película de miedo, ¡son nuestras favoritas!

144 ciento cuarenta y cuatro

UNIDAD 5

19 Escucha los diálogos. Después, marca la respuesta correcta.

Pista 16

1. ¿A dónde va la chica de vacaciones?

2. ¿Qué van a hacer en sus vacaciones?

3. ¿Cómo pagan los billetes de avión?

4. ¿Qué es lo que no tiene en la mochila?

ciento cuarenta y cinco

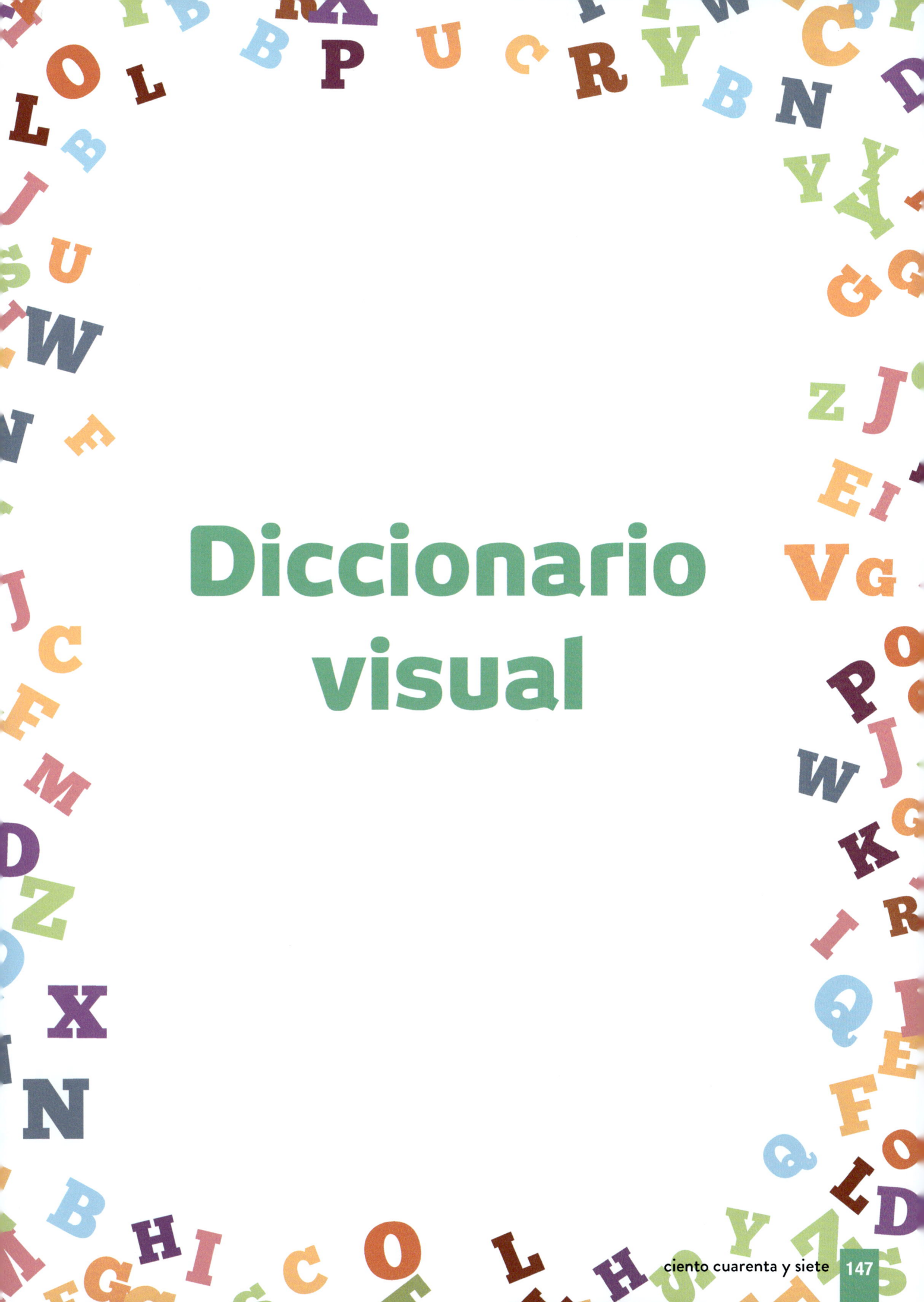

Diccionario visual

Diccionario visual

1. Completa las preguntas con las palabras del cuadro.

> Cómo | Qué | Puedes | Cómo

¿............... repetir?   ¿............... significa *adiós*?   ¿............... se dice *hello*?   ¿............... se escribe?

2. ¿Cómo se dice en tu idioma?

 Por favor. ....

 Gracias. ....

3. Clasifica las palabras.

Objetos de la clase

Libro   Biblioteca   Cuaderno   Plástica   Ordenador
Laboratorio   Matemáticas
Educación Física   Lápiz   Música   Ciencias Naturales
Mochila
Inglés
Goma   Bolígrafo
Jardín   Ciencias Sociales
Gimnasio   Español
Pizarra   Salón de actos

Partes del colegio

Asignaturas

4. ¿Qué hay en cada imagen? Escribe.

1. *Hay tres lápices.*

2. ....

3. ....

4. ....

5. ....

6. ....

5. Clasifica.

Buenos días | ¡Adiós! | Buenas tardes | ¡Hola! | Chao | ¡Nos vemos!
¡Hasta pronto | Buenas noches | ¿Qué tal?

SALUDOS	DESPEDIDAS

6. ¿Qué hora es?

1. .... 2. .... 3. ....

ciento cuarenta y nueve **149**

Diccionario visual

 Escribe el nombre de cada lugar.

Museo | Estación de tren | Cine | Hospital
Parada de autobuses | Iglesia | Plaza | Parque

1. .... 2. .... 3. .... 4. ....

 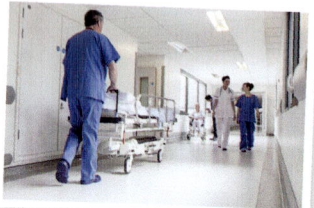  

5. .... 6. .... 7. .... 8. ....

 Completa las frases.

1. Todas las mañanas mi padre compra pan en la ....

2. A mi hermana Marta le encanta ir a la ....

3. Hay una nueva .... entre el cole y el parque.

4. Los sábados comemos en la .... del barrio.

 ¿Dónde está el gusano?

a la derecha | lejos | cerca | enfrente | a la izquierda

1. El gusano está .... de la manzana.

2. El gusano está .... de la manzana.

3. El gusano está .... de la manzana.

4. El gusano está .... de la manzana.

5. El gusano está .... de la manzana.

4. Relaciona.

1. Autobús
2. Coche
3. Tren
4. Avión
5. Barco
6. Moto
7. Bici
8. A pie

5. Traduce a tu idioma.

1. Querer: ....
2. Empezar: ....
3. Cerrar: ....
4. Entender: ....
5. Poder: ....
6. Volver: ....
7. Dormir: ....
8. Recordar: ....
9. Abrir: ....
10. Ir: ....

6. Mira las imágenes y rodea el adjetivo correcto.

1. La catedral de Salamanca es muy **antigua / moderno**.

2. El barrio de La Latina, en Madrid, no es **tranquilo / moderno**.

3. Barcelona es una ciudad muy **famosa / feo**.

4. Zuheros es un pueblo muy **bonito / fea**.

5. Andorra es un país muy **pequeño / grande**. Viven solo 76 965 personas.

6. El nuevo centro comercial es **pequeño / enorme**. Tiene 6 plantas.

ciento cincuenta y uno

Diccionario visual

1. Encuentra cada prenda de vestir en la sopa de letras.

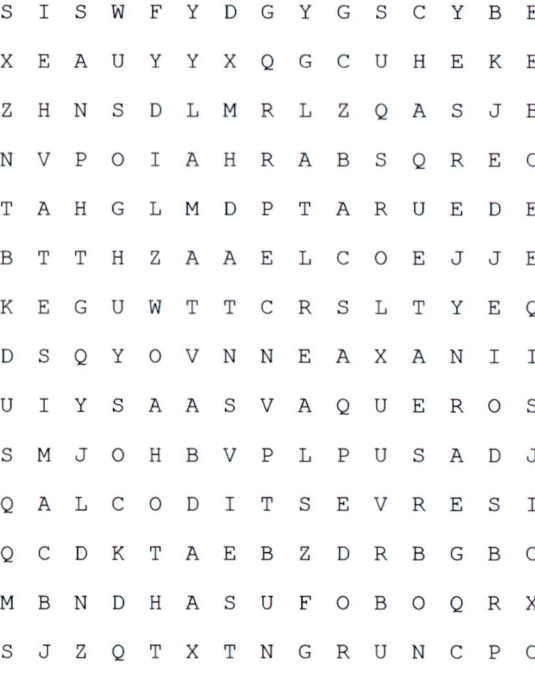

```
S I S W F Y D G Y G S C Y B E
X E A U Y Y X Q G C U H E K E
Z H N S D L M R L Z Q A S J B
N V P O I A H R A B S Q R E C
T A H G L M D P T A R U E D E
B T T H Z A A E L C O E J J E
K E G U W T T C R S L T Y E Q
D S Q Y O V N N E A X A N I I
U I Y S A A S V A Q U E R O S
S M J O H B V P L P U S A D J
Q A L C O D I T S E V R E S I
Q C D K T A E B Z D R B G B C
M B N D H A S U F O B O Q R X
S J Z Q T X T N G R U N C P C
O N Z D C C S V U E Q B D B K
```

2. ¿Cómo se dice en español? Relaciona y escribe debajo de cada imagen.

merendar | desayunar | cenar | comer

08:30   13:00   17:00   21:00

1. .... 2. .... 3. .... 4. ....

152 ciento cincuenta y dos

3. Relaciona.

A

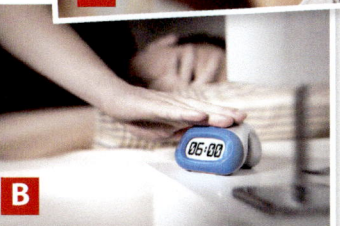
B

C D

1. Levantarse ☐
2. Vestirse ☐
3. Lavarse los dientes ☐
4. Despertarse ☐
5. Acostarse ☐
6. Hacer los deberes ☐
7. Chatear ☐
8. Ir al colegio ☐

H G F E

4. Ordena las letras y forma nombres de deportes. Después, relaciona con las fotos.

tisatlemo | anlocesnto | tesin
túbflo | clciismo | antciaón

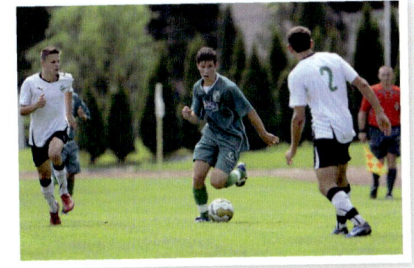

1. .... 2. .... 3. ....

4. .... 5. .... 6. ....

ciento cincuenta y tres

Diccionario visual

1. Escribe el nombre de las partes de la cabeza.

El p............

El o............

La n............

El c............

La g............

La o............

Los d............

La b............

2. Escribe las partes del cuerpo.

La cabeza   El pie
El brazo   El estómago
La mano   La pierna
La espalda

3. Mira la imagen y completa.

enfadado | dolor de cabeza | hambre | sed | enfermo | nervioso

1. El monstruo está ....   **2.** El monstruo tiene ....   **3.** El monstruo tiene ....

4. El monstruo tiene ....   **5.** El monstruo está ....   **6.** El monstruo está ....

4. Relaciona.

1. Tiene sueño.
2. Tiene calor.
3. Tiene fiebre.
4. Está cansado.
5. Tiene náuseas.
6. Tiene frío.

 A    B    C

 D   E    F

5. Relaciona.

A

1. Descansar
2. Llevar una dieta saludable
3. Beber mucha agua
4. Hacer deporte
5. Pensar positivamente

E

B

C

D

ciento cincuenta y cinco

Diccionario visual

1. Escribe los meses del año en orden.

Enero

ijuon | ozamr | tosoga
urebtoc | ~~renoe~~ |
cemerbid | mievobner
oyam | pieemsbetr
berfore | oluji | biral

2. ¿Qué estación es? Escribe.

Primavera
Otoño
Verano
Invierno

1. ....

2. ....

3. ....

4. ....

3. ¿Qué tiempo hace? Relaciona.

A

B

C

1. Hace frío.
2. Hace viento.
3. Hace calor.
4. Nieva. / Está nevando.
5. Está nublado.
6. Hay tormenta.
7. Hace sol.
8. Llueve. / Está lloviendo.

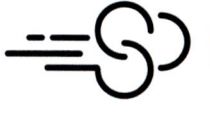
H

G

F

D ☀

E

4. ¿Cómo se dice en español? Relaciona y escribe.

Hacer fotos | Esquiar en las montañas | Ir de campamento | Visitar una exposición

1. ....   2. ....   3. ....

5. Relaciona.

1. Ir
2. Vivir
3. Patinar
4. Conocer

☐ con skate
☐ a la fiesta
☐ una ciudad
☐ al concierto
☐ de tapas
☐ a la playa
☐ en libertad

4. ....

ciento cincuenta y siete 157

Diccionario visual

1. Ordena las letras y forma palabras. Después, relaciona con cada imagen.

sila | olvcná | mtaonña | oír | bqueos | ram | dsieerot

1. ....
2. ....
3. ....
4. ....
5. ....
6. ....
7. ....

2. Completa el crucigrama.

3. Escribe los puntos cardinales en su lugar correcto.

norte | oeste | sur | este

4. Escribe los números.

1. 100: ....
2. 200: ....
3. 400: ....
4. 500: ....
5. 600: ....
6. 700: ....
7. 900: ....
8. 1000: ....

5. Escribe el nombre de cada lugar.

Un hostal juvenil | Un hotel rural | Un camping | Un hotel de playa

1. .... 2. .... 3. .... 4. ....

6. ¿Cómo se dice en español? Relaciona y escribe.

1. .... 2. .... 3. ....

Probar comida nueva
Visitar un museo
Ir a librerías
Comprar souvenirs
Ir a la playa

4. .... 5. ....

ciento cincuenta y nueve **159**

Apéndice Gramatical

ÍNDICE DE CONTENIDOS

1. Los pronombres personales sujeto

2. Los pronombres de objeto directo (lo / la / los / las)

3. Los adverbios

4. Las preposiciones
    4.1. Las preposiciones de lugar

5. El verbo
    5.1. El presente de indicativo: verbos regulares
    5.2. Verbos de afección
    5.3. El presente de indicativo: verbos irregulares
        a) Verbos irregulares de cambio vocálico
        b) Verbos con la primera persona irregular
        c) Verbos de movimiento: ir y venir
    5.4. Verbos reflexivos
    5.5. El imperativo afirmativo
    5.6. Perífrasis verbales

6. Las oraciones condicionales: si + presente de indicativo + presente / imperativo

7. Las oraciones de relativo

Ortografía

- La sílaba tónica

- Las palabras agudas

- Las palabras llanas / graves

- Las palabras esdrújulas

1. Los pronombres personales sujeto

Los pronombres personales de sujeto indican la persona o personas que realizan la acción del verbo y concuerdan con él en número y persona.

	Singular		Plural	
	Masculino	Femenino	Masculino	Femenino
1.ª persona	yo		nosotros	nosotras
2.ª persona	tú, usted		vosotros, ustedes	vosotras, ustedes
3.ª persona	él	ella	ellos	ellas

Normalmente, en español no se usa el pronombre personal de sujeto. Las terminaciones del verbo indican de qué persona gramatical se trata:

Se llama Alejandro, **tiene** catorce años y **vive** en Madrid.

3.ª pers. sing.   3.ª pers. sing.   3.ª pers. sing.

Utilizamos el pronombre personal sujeto cuando queremos contrastar informaciones, opiniones, etc.

Yo estudio inglés, pero **él** prefiere estudiar español.

¿Eres María? No, **yo** soy Paula; **ella** es María.

En España, **tú** y **vosotros/as** indican una relación de confianza, y usted / ustedes se utilizan para mostrar respeto en situaciones formales, por ejemplo con personas mayores.

¿Son **ustedes** los abuelos de Lydia?   Señora presidenta, ¿va **usted** a visitar la capital?

En algunas áreas del mundo hispanohablante, como por ejemplo en algunas zonas de Colombia, Costa Rica, Panamá y Ecuador, no se usa *tú* ni *vos*, sino que los hablantes se tratan de usted en cualquier situación, sea formal o informal. En estas regiones se habla de usted a los amigos, los padres a sus hijos e incluso a las mascotas.

España (y otros)

Costa Rica, Panamá (y otros)

¿Tú tienes los apuntes de Lengua?

Usted también puede enviar correos con una tableta.

¿Usted va a clase de Japonés o de Francés?

2. Los pronombres de objeto directo (lo / la / los / las)

Usamos los pronombres de objeto directo para no repetir la misma palabra en otra frase.

Por ejemplo:

- ¿Quién compra el billete?
  Daniel lo compra.
- ¿Conoces la ciudad?
  Sí, la conozco.
- ¿Tienes los pasaportes?
  Sí, los tengo.
- ¿Tienes las entradas del cine?
  No, no las tengo.

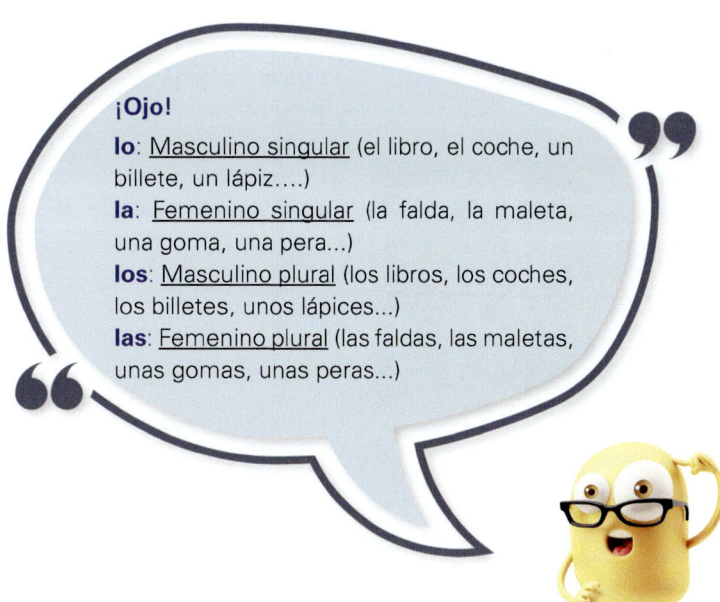

¡Ojo!
lo: Masculino singular (el libro, el coche, un billete, un lápiz….)
la: Femenino singular (la falda, la maleta, una goma, una pera...)
los: Masculino plural (los libros, los coches, los billetes, unos lápices...)
las: Femenino plural (las faldas, las maletas, unas gomas, unas peras...)

3. Los adverbios

Los adverbios indican circunstancias de lugar, tiempo, modo, cantidad, etc. Modifican a un verbo, a un adjetivo o a otro adverbio. Pueden ser:

→ **De tiempo**: antes, ahora, después, pronto, temprano, tarde.
  Todos los días me acuesto **temprano**. / **Después** de clase vamos al cine.

→ **De lugar**: aquí, allí, cerca, lejos…
  En verano, voy a estar **aquí**, en Madrid.

→ **De frecuencia**: siempre, normalmente, a veces, casi nunca, nunca...
  Casi nunca bebo refrescos. / **Normalmente** voy al colegio en autobús.

→ **De afirmación y de negación**: sí, no, también, tampoco.
  Me gustan las pelis de terror. A mí **también**. / No te gusta bailar, ¿eh? A mí **tampoco**.

→ **De cantidad**: muy / mucho, demasiado, bastante, un poco.
  Mi hermano es **muy** simpático. / Julián es **bastante** alto. / Susana es **un poco** antipática.

→ **¿Muy o mucho?**
- **Mucho** complementa a verbos o sustantivos.
  Me gusta mucho jugar al fútbol. / No tenemos mucho dinero.
- **Muy** complementa a adverbios y adjetivos.
  Mi profesor habla español muy bien. (Adverbio) / Juan David es muy alto. (Adjetivo)

ciento sesenta y tres

4. Las preposiciones

PREPOSICIÓN	USOS	EJEMPLO
A *Vamos a la playa*	Lugar de llegada o de destino	→ Esta tarde vamos **a** la biblioteca. → Este año voy **a** Chile con mi familia.
	Límite en el tiempo	→ Tengo Matemáticas de nueve **a** diez.
	Hora	→ Los fines de semana me levanto **a** las once.
	Punto para localizar otro lugar	→ El colegio está frente **a** la estación de autobuses.
De *Javi llega de la universidad a las cuatro.*	Punto de origen o de partida	→ Él es **de** Costa Rica. → Vuelve **de** las clases de natación por la tarde.
	Contenido de algo	→ Tengo clases **de** español. → Un vaso **de** agua, por favor.
	Momento de inicio	→ Tengo Ciencias Sociales los lunes **de** nueve a diez.
	Parentesco y posesión	→ El padre **de** Marina. → Ese libro es **de** Iker.
	Punto para localizar otro lugar	→ La farmacia está al lado **de** la panadería.
En *Están en la escalera.*	Lugar	→ El Aconcagua está **en** Argentina. → **En** mi colegio hay dos patios.
	Tiempo	→ **En** invierno juego mucho al ajedrez. → **En** agosto hace calor.
	Medio de transporte	→ Vamos al pueblo **en** tren. → Mi madre va al trabajo **en** metro.
Con	Compañía	→ Voy a clases de chino **con** mis primos.

Cuando encontramos las preposiciones **a** y **de** con el artículo **el**, se escriben / dicen juntas:

Voy ~~a el~~ cine. → Voy **al** cine.   La mochila ~~de el~~ profesor. → La mochila **del** profesor.

4.1. Las preposiciones de lugar

Estas preposiciones nos sirven para indicar la posición o el lugar donde se encuentra ubicada un objeto, una persona o un animal.

El perro está **debajo de** la mesa.

Misu está **encima del** ordenador.

La planta está **al lado del** sofá.

Luis está **detrás del** árbol.

La bici está **delante de** la ventana.

El coche amarillo está **entre** el coche azul y el coche negro.

El chico está **enfrente del** espejo.

Ella está **lejos de** la montaña.

La chica está **cerca de** la farmacia.

5. El verbo

Los verbos son las palabras que sirven para expresar acciones. En español, los verbos pueden pertenecer a tres conjugaciones.

1.ª conjugación	infinitivos terminados en -ar	*hablar, saludar, estudiar*
2.ª conjugación	Infinitivos terminados en -er	*leer, responder, aprender*
3.ª conjugación	Infinitivos terminados en -ir	*escribir, describir, repetir*

5.1 El presente de indicativo: verbos regulares

Usamos el presente:

- para hablar sobre hechos que suceden en el momento en el que hablamos:

    ¿Qué haces? **Escribo** un mensaje a mi hermano.

- para hacer referencia a hechos generales:

    En Chile, el verano **comienza** el 21 de diciembre.

- para hablar sobre el futuro próximo cuando hablamos de acciones previstas o planificadas:

    Este fin de semana **vamos** al cine.

En español existen tres conjugaciones: los verbos acabados en **-ar**, en **-er** y en **-ir**. Los verbos regulares en presente se conjugan así:

	-ar	-er	-ir
	Estudi/ar	Com/er	Escrib/ir
(yo)	estudio	como	escribo
(tú)	estudias	comes	escribes
(él, ella, usted)	estudia	come	escribe
(nosotros/as)	estudiamos	comemos	escribimos
(vosotros/as)	estudiáis	coméis	escribís
(ellos/as, ustedes)	estudian	comen	escriben

- Se conjugan como *estudiar*: saludar, estudiar, explicar, trabajar nadar, completar...
- Se conjugan como *comer*: leer, responder, aprender, correr, beber...
- Se conjugan como *escribir*: vivir, describir, repetir, subir...

5.2 Verbos de afección

- Se conjugan con los pronombres me, te, le, nos, os, les.
- Se emplea la forma *gusta / encanta* seguida de un sustantivo en singular o un infinitivo:

    Me *gusta* tu mochila.   A mi hermana le *gusta* ir a la playa.

- Se emplea la forma *gustan / encantan* seguida de un sustantivo plural:

    Nos *encantan* las frutas.   ¿Os *gustan* estos videojuegos?

	Gustar
(yo)	**me** gusta(n)
(tú)	**te** gusta(n)
(él, ella, usted)	**le** gusta(n)
(nosotros/as)	**nos** gusta(n)
(vosotros/as)	**os** gusta(n)
(ellos/as, ustedes)	**les** gusta(n)

El verbo **encantar** se conjuga como *gustar*: me encanta, te encanta...

5.3. El presente de indicativo: verbos irregulares

a) Verbos irregulares de cambio vocálico

Son verbos en los que cambia la raíz cuando el acento está en esa sílaba. Pasa en todas las personas excepto en la primera y la segunda del plural (nosotros/as y vosotros/as).

	e → ie **Quer/er**	o → ue **Dorm/ir**	u → ue **Jug/ar**
(yo)	quiero	duermo	juego
(tú)	quieres	duermes	juegas
(él, ella, usted)	quiere	duerme	juega
(nosotros/as)	queremos	dormimos	jugamos
(vosotros/as)	queréis	dormís	jugáis
(ellos/as, ustedes)	quieren	duermen	juegan

- Se conjugan como *querer*: preferir, pensar...
  – Yo quiero tomar un zumo de naranja. ¿Tú qué quieres tomar? – Yo prefiero un té.
  – ¿Qué piensas de la nueva profesora de Matemáticas?

- Se conjugan como *dormir*: volver, contar...
  – Yo duermo mucho. Me encanta dormir hasta tarde. ¿Y tú, cuántas horas duermes?

b) Verbos con la primera persona irregular

	Hacer	**Salir**	**Estar**	**Saber**
(yo)	hago	salgo	estoy	sé
(tú)	haces	sales	estás	sabes
(él, ella, usted)	hace	sale	está	sabe
(nosotros/as)	hacemos	salimos	estamos	sabemos
(vosotros/as)	hacéis	salís	estáis	sabéis
(ellos/as, ustedes)	hacen	salen	están	saben

c) Verbos de movimiento: ir y venir

El **verbo ir** indica movimiento hacia un destino diferente al lugar del hablante.

"Voy a casa de Irene."

Hablante — La casa de Adrián — La casa de Irene (Destino)

El **verbo venir** indica que el destino es el lugar donde está el hablante.

Los verbos **ir** y **venir** también son irregulares.

	Ir	Venir
(yo)	voy	vengo
(tú)	vas	vienes
(él, ella, usted)	va	viene
(nosotros/as)	vamos	venimos
(vosotros/as)	vais	venís
(ellos/as, ustedes)	van	vienen

5.4. El presente de indicativo: verbos reflexivos

Se conjugan con los pronombres *me*, *te*, *se*, *nos*, *os*, *se*.

En las oraciones con verbos en forma reflexiva el sujeto y el complemento se refieren a la misma persona o cosa. Es decir, los efectos del verbo se realizan sobre el mismo sujeto.

Todos los días **me levanto** a las siete y media. (Yo ⇢ levantar ⇢ a mí)

Después de cenar, mi hermano y yo **nos lavamos** los dientes. (Nosotros ⇢ lavar ⇢ a nosotros)

El hombre **lava el coche**.

El chico **se** lava la cabeza.

El chico **despierta a su hermano**.

La chica **se** despierta.

	Llamarse	**Levantarse**	**Ducharse**
(yo)	me llamo	me levanto	me ducho
(tú)	te llamas	te levantas	te duchas
(él, ella, usted)	se llama	se levanta	se ducha
(nosotros/as)	nos llamamos	nos levantamos	nos duchamos
(vosotros/as)	os llamáis	os levantáis	os ducháis
(ellos/as, ustedes)	se llaman	se levantan	se duchan

5.5. El imperativo afirmativo

El imperativo se usa en español para dar instrucciones, expresar consejos o expresar obligación. También podemos utilizar la forma **tener que + infinitivo**. El imperativo de los verbos regulares se forma siguiendo estas reglas.

	Completar	**Leer**	**Escribir**
(tú)	completa	lee	escribe
(vosotros/as)	completad	leed	escribid

Imperativo regular 2.ª persona del singular (tú):
▶ Quita la -s de la conjugación del presente simple.

Presente Simple — **Imperativo**
Bebes — Bebe
Practicas — Practica
Cierras — Cierra

Imperativo irregular 2.ª persona del singular (tú):
▶ La irregularidad de **tú** en el presente continúa en el imperativo.

Presente Simple — **Imperativo**
Cuentas — Cuenta
Empiezas — Empieza

Podemos dar instrucciones y consejos también a varias personas con la forma del imperativo en plural (vosotros): bailad, comed, hablad, saltad. Para construir esta forma de imperativo, tomamos el infinitivo, le quitamos la **-r** y le ponemos una **-d**:

comer + d = ¡comed! / bailar + d = ¡bailad!

Los **verbos irregulares** tienen un imperativo irregular. Aquí tienes algunos útiles:

	Decir	**Hacer**	**Salir**	**Tener**	**Venir**	**Ser**	**Ir**
(tú)	di	haz	sal	ten	ven	sé	ve
(vosotros/as)	decid	haced	salid	tened	venid	sed	id

Recuerda que estas formas de imperativo son personales. Si quieres expresar una obligación "indirecta" o "impersonal", puedes usar la estructura **hay que + infinitivo**. También utilizamos esta forma cuando no queremos ser demasiado directos:

Hay que estudiar más. / **Hay que** limpiar la casa más.

5.6. Perífrasis verbales

Las perífrasis verbales son una construcción con dos verbos que funcionan juntos. El primer verbo está conjugado y el segundo va en infinitivo. Las perífrasis verbales nos ayudan a expresar tiempo, una acción o una intención.

- Para hablar de planes que tenemos utilizamos *ir + a + infinitivo*.
    Esta tarde **voy a ir** al centro comercial con mis amigos.
    En vacaciones **vamos a ir** a Bogotá. ¡Me encanta Colombia!

- Para hablar de intenciones utilizamos *querer + infinitivo*.
    Quiero tomar un helado. ¿Tú qué quieres: un helado o un zumo?
    Nosotros **queremos estudiar** español para viajar a América central.

6. Oraciones condicionales: si + presente de indicativo + presente / imperativo

Las oraciones condicionales introducen una condición: si pasa X, entonces Y.

Oraciones condicionales 1
Si + presente + presente

Si quieres aprobar, tienes que estudiar todos los días.

Oraciones condicionales 2
Si + presente + imperativo

Si tienes sed, bebe agua.

7. Las oraciones de relativo

Son oraciones en las que para describir objetos, lugares o personas que ya aparecen en la oración creamos una nueva y unimos las dos con el nexo *que*.

El chico vive aquí.
+
El chico es muy simpático.
=
El chico **que** vive aquí es muy simpático.

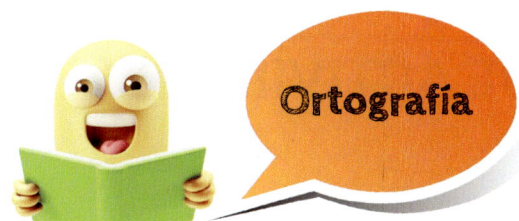

La sílaba tónica

En español las palabras se dividen en sílabas, que son golpes de voz. En cada palabra, hay una sílaba más fuerte e intensa que las otras: es la sílaba tónica.

español: es-pa-**ñol**.   *coche*: **co**-che.   *gramática*: gra-**má**-ti-ca.

Las palabras agudas

Cuando la sílaba más fuerte (tónica) es **la última** de la palabra, decimos que la palabra es aguda: espa**ñol**, yo**gur**, ca**fé**.

Las palabras agudas llevan tilde (´) cuando:

- Acaban en **vocal**: *Perú*, *está*.
- Acaban en **-n** o **-s**: *francés*, *corazón*.

Las palabras llanas o graves

Cuando la sílaba tónica es **la penúltima** de la palabra, decimos que la palabra es llana (o grave): **ma**no, **chán**dal, **lá**piz.

Las palabras llanas llevan tilde (´) cuando acaban en consonante, menos -n y -s.

  ca**be**za: vocal ⇢ sin tilde.
  o**re**jas: consonante -s ⇢ sin tilde.
  móvil: consonante ⇢ con tilde.

En español, la mayoría de las palabras son llanas.

Las palabras esdrújulas

Cuando la sílaba tónica es **la antepenúltima** de la palabra, decimos que la palabra es esdrújula: es**drú**jula, **miér**coles, **Mé**xico, Ca**bár**ceno, **Úr**sula.

Las palabras esdrújulas **siempre** llevan tilde.

ciento setenta y uno

))) TRANSCRIPCIONES

LIBRO DEL ALUMNO **p.173**

EXAMEN DELE ESCOLAR A1 .... **p.177**

CUADERNO DE ACTIVIDADES **p.179**

TRANSCRIPCIONES

UNIDAD 0

Pista 1.
a) Este año en mi clase hay una chica nueva, se llama Alejandra y es peruana. ¡Es muy simpática!

b) ¡Hola, me llamo Carlos! Mi asignatura favorita es Matemáticas. ¡Me encanta el profesor de Mates! Se llama Julio y es mexicano.

c) –Hola, Fran ¿qué tal el primer día de clase?
–Muy bien. ¿Sabes qué? En mi cole este año tenemos unas pizarras digitales nuevas.
–¿Ah, sí? En mi cole no tenemos pizarras digitales. Tenemos una pizarra verde muy vieja… ¡Pero hay un patio muy grande para jugar al fútbol!

d) –¡Este año tenemos nueva profe de Plástica!
–¿Es una mujer con el pelo castaño y liso y tiene gafas?
–¡No, no! Es una mujer morena, con el pelo rizado negro.

Pista 2.
1) ¡Hola! Me llamo Hugo y soy muy deportista. Todos los jueves a las ocho y cuarto entreno con mi equipo de fútbol.

2) Mi mejor amiga se llama Martina y es una verdadera artista. ¡Dibuja muy bien! Tiene clases de dibujo todos los días después del cole, a las cinco y media.

3) A Lucas y a mí nos encanta jugar a videojuegos. Los sábados por la mañana voy a su casa a las 11:00 para jugar.

4) ¡Hola! Soy Leire, tengo trece años y estudio francés en el cole. Las clases son los lunes y miércoles a las tres menos diez. ¡Me encanta estudiar nuevos idiomas!

UNIDAD 1

Pista 3.
1. –¿A qué hora cierra el museo?
–Cierra a las seis y media.

2. –¿Dónde está la estación de tren?
–Está enfrente del centro comercial.

3. –¿Cómo vas al colegio, Juan?
–Voy al colegio en autobús. ¿Y tú?
–En coche, con mi madre.

4. –¿Vamos a la biblioteca?
–No podemos, está cerrada. Los viernes cierra a las siete.

5. –Oye, Igor, ¿qué tal tu nuevo barrio?
–¡Me encanta! Es un barrio muy moderno Mi casa nueva es enorme y cerca hay parques y plazas geniales para ir con mis amigos.

Pista 4.
Marta: ¿Entonces eres de Buenos Aires?

David: Sí, de un barrio que se llama Palermo. Me encanta vivir allí, hay muchos parques y zonas verdes. Hay una zona llamada "Los Bosques de Palermo", ¡una maravilla!

Marta: ¡Qué guay! Imagino que Buenos Aires es una ciudad con muchos edificios muy altos.

David: Sí, pero en mi zona, que se llama Palermo Viejo, las casas son pequeñitas, de una o dos plantas. Hay cafeterías, teatros y también muchos restaurantes. Es un barrio muy activo.

Marta: Mi barrio también es muy activo, pero es muy diferente al tuyo. Hay edificios altos y un centro comercial bastante grande. Hay plazas muy bonitas pero no tenemos parques. Lo mejor de mi barrio es que está la estación central de trenes, y es fácil ir a otros lugares.

Pista 5.
a. cine
b. colegio
c. hotel
d. estación
e. tren
f. autobús
g. pizzería

Pista 6.

Audio 1:

Entrevistadora: Hoy, en Radio Qué Guay entrevistamos a Ángel123, el *youtuber* más famoso de la capital. Bienvenido.

Ángel123: Hola, gracias por invitarme.

E: Ángel, tienes muchos seguidores en YouTube, Instagram y Facebook; pero vives en tu barrio de Madrid de siempre, ¿verdad?

A: Así es. Vivo en Lavapiés con mis padres. Me encanta vivir en ese barrio, porque hay de todo: muchas plazas llenas de gente y terrazas de los restaurantes, el antiguo cine Doré, la biblioteca de la Universidad… es un barrio muy moderno y tradicional al mismo tiempo.

E: ¿También vas al instituto de tu barrio?

A: No, voy a un instituto que hay cerca del Parque del Retiro, mi tía es profesora allí. Normalmente voy en metro, pero a veces voy con mi padre en la moto.

Audio 2:

Entrevistadora: Bienvenidos y bienvenidas a un nuevo programa de Radio Qué guay. Hoy, entrevistamos a Berto Gilberto, que vive en un pequeño pueblo de Galicia pero es uno de los *gamers* – jugadores de videojuegos – más famosos de España. ¿Qué tal es la vida de un famoso en un lugar tan pequeño?

Berto Gilberto: ¡Hola a todos! Gracias por invitarme a vuestro programa. Combarro es un pueblo muy tranquilo de Galicia, pero a mí me gusta mucho vivir aquí. Puedes ir a pie a todos los sitios y mi casa está muy cerca del mar.

E: ¿Y no es aburrido vivir en un sitio tan pequeño?

B: ¡No, no! Por las mañanas voy al instituto. Está un poco lejos, así que voy en autobús con otros amigos. Por las tardes, normalmente juego a la videoconsola en casa, pero a veces voy con mis amigos a una plaza pequeña que hay al lado de mi casa. En la plaza no hay gente, así que podemos estar allí y hablar o jugar al fútbol.

Pista 7.

Vivo en un barrio bastante tranquilo. Mi casa está un poco lejos del colegio, por eso voy al cole en bici. Enfrente del colegio hay una biblioteca que es muy grande y tiene dos plantas. Después del cole, voy a hacer los deberes allí. A la derecha de la biblioteca está mi lugar favorito: el parque. Es muy bonito. Hay un estanque y una cafetería. A mi madre y a mí nos gusta caminar un poco por el parque después de cenar. Hay una pizzería al lado de mi casa. ¡Me encanta la pizza! Los sábados mi familia y yo vamos a comer allí.

UNIDAD 2

Pista 8.

1.
–¿A qué hora te levantas?
–Me levanto temprano, sobre las siete. Después, voy al colegio de ocho a dos.

2.
–¿Te duchas por la mañana o por la tarde?
–Siempre me ducho por la mañana, así empiezo el día con más energía.

3.
–¿Qué haces después del colegio?
–Después del colegio, voy a casa y siempre meriendo un sándwich y un zumo.

4.
–¿Lleváis uniforme en vuestro colegio?
–Sí, las chicas llevamos una falda azul y una camiseta blanca. Los chicos llevan pantalones azules y camiseta blanca también.

5.
–¿Haces deporte normalmente?
–¡Claro! Voy a clases de tenis todos los días de cinco a seis y media.

Pista 9.

Mateo se despierta todos los días a las seis y media. Por la mañana, primero se lava la cara y se viste. Siempre desayuna a las siete menos veinte y después se lava los dientes. Mateo va al colegio en autobús, sale de casa a las siete y media. De ocho a dos y media está en el cole. Por la tarde, va a nadar a la piscina y luego merienda. Después, chatea con sus amigos y hace los deberes. Por la noche se ducha y se acuesta a dormir.

Pista 10.

¡Hola! Soy Jorge, soy español pero vivo en Buenos Aires. Todos los días me levanto muy temprano para ir a clase: Buenos Aires es una ciudad muy grande y yo voy en autobús al colegio… ¡un rollo! Por la mañana no tardo mucho en vestirme: siempre llevo unos pantalones vaqueros, unas zapatillas deportivas y una camiseta negra.

Hola, soy Marta. Tengo trece años y vivo en Mérida, una pequeña ciudad de España. Mi día a día es muy aburrido, la verdad. Me levanto siempre a las seis y media para ir a clase. Me ducho y siempre me visto con el uniforme del cole: un jersey azul, una camisa blanca y una corbata azul y amarilla. ¡Y las gafas, por supuesto!

¡Hola! Me llamo Dalia. Soy estudiante de español y vivo en un barrio muy guay de Atenas. Me gusta mucho mi instituto porque cada estudiante puede llevar la ropa que quiere. A mí me encantan los vestidos negros, los sombreros y la ropa oscura. Nunca llevo chándal, ni zapatillas deportivas.

¿Qué tal? Soy Yago, un chico muy deportista. Todos los días, antes de ir al cole, hago deporte. Me gusta levantarme, desayunar y salir a correr con la sudadera azul de mi equipo. Después me ducho y voy a clase de nueve a una y media. Por la tarde, entreno con mi equipo de baloncesto. ¡Somos el mejor equipo de Bilbao!

Pista 11.

1. chanclas **4.** merendar
2. verdes **5.** ordenador
3. marrón **6.** zapatos

Pista 12.

1. Ducharse con el agua fría
2. Merendar galletas y leche
3. Hacer ciclismo
4. Levantarse muy temprano
5. Jugar al fútbol
6. Lavarse las manos y la cara
7. Chatear con los amigos
8. Leer una novela
9. Salir de casa
10. Ponerse un vestido y unos zapatos

UNIDAD 3

Pista 13.

1.
–¿Estás bien?
–No, me duele la cabeza. Tengo que descansar un poco.

2.
–¿Qué libros te gustan?

TRANSCRIPCIONES

—Me encantan los libros de fantasía.
—Si te gusta la fantasía, lee los libros de Harry Potter. ¡Son geniales!

3.
—¿Te duele el brazo?
—¡Uf, me duele mucho! Creo que está roto.

4.
—Para ser un buen surfista hay que entrenar muchas horas al día. Mi consejo: haz mucho deporte y lleva una dieta saludable.

5.
—Si quieres unirte al club de patinadores, envía un email a info@sobreruedas.mx

Pista 14.
Diálogo 1:
—Doctor, me duele mucho la espalda.
—Tienes que sentarte bien cuando estás en el colegio. También puedes hacer ejercicios de estiramiento en tu casa.

Diálogo 2:
—Mamá, me duele la garganta y la cabeza. Creo que tengo gripe.
—Puedes tomarte una pastilla y beber un té calentito.

Diálogo 3:
—¡Ah! ¡Qué dolor! Me duele mucho la pierna, creo que tengo una lesión.
—¿Estás bien? ¡Hay que calentar antes de hacer deporte!

Pista 15.
Audio 1: Todos los días me levanto a las siete y cuarto y desayuno. Después, voy a entrenar a la piscina de nueve a doce. Por las tardes, hago gimnasia con mi entrenadora personal. Si quieres ser una deportista de élite, tienes que hacer mucho deporte y llevar una vida saludable.

Audio 2: Mi hermano y yo somos jugadores de baloncesto, los dos jugamos en la NBA. Nos encanta la actividad física, en mi familia todos practicamos algún deporte: baloncesto, atletismo, kárate, balonmano… Para ser un gran jugador tienes que tener el apoyo de tu familia y amigos.

Audio 3: Me encanta mi trabajo. Normalmente juego al tenis cuatro o cinco horas al día, y también salgo a correr por las tardes. Para ser un campeón hay que entrenar muchas horas en la cancha, pero también es importante descansar.

Pista 16.
Hugo:
—¿Qué tal, Hugo?
—¡Hola, Vane! ¡Uf! ¡Me duelen mucho las piernas! Me voy ya para mi casa. Todos los días voy a correr al parque y hago 10 kilómetros. ¡Hoy tengo un nuevo récord: 12 kilómetros!
—¡Guau! ¡Eres un campeón!

Lucía:
—¡Mira, mamá! Hay mucha nieve en el jardín. Voy a mi habitación a ponerme el abrigo, los guantes, el gorro y la bufanda. ¡Quiero salir a jugar con la nieve! ¿Puedo beber un chocolate caliente antes de salir? ¡Porfa, porfa!

Adriana:
—Hola, una botella de agua por favor.
—¿Grande o pequeña?
—Grande.

Asier:
—¡El partido empieza en media hora! ¿Tengo todo? A ver… el balón, los pantalones, la camiseta, los calcetines… ¿¡y mis zapatillas!? ¿dónde están…? ¡Ah, están aquí! Uf…

Daniel:
—Daniel, responde la pregunta, por favor. ¿Daniel? ¿Estás bien?
—Sí, profesora. Perdón, pero no duermo bien por las noches.

Pista 17.
¡Hola, chicos! Bienvenidos a mi canal "La loca de los libros". Soy Vega y en el vídeo de esta semana quiero hacer recomendaciones para todos los gustos. Si eres un amante de la fantasía, la imaginación y las aventuras, lee "La historia interminable". ¡Hay un dragón que vuela!

Si tus favoritos son los libros de miedo y misterio, tienes que leer "El retrato de Dorian Gray", la historia de un cuadro muy especial. Creo que es un libro que gusta a todos los lectores.

Si te gusta un poco de todo, compra "La princesa prometida". Cuenta una historia de amor con muchas sorpresas: aventuras, piratas, gigantes… ¡además tiene mucho humor!

Y, por último, si prefieres los cómics, lee "Detective Conan", las divertidas aventuras de un inteligente detective que lucha contra el crimen. ¡Tienes que leerlo! ¿Te gustan mis vídeos? Suscríbete a mi canal y sigue todas mis redes sociales. ¡Hasta la próxima!

Pista 18.
1. deporte **3.** cabeza **5.** fiebre
2. nariz   **4.** calor   **6.** terror

Pista 19.
1. Si estás enferma, tienes que ir al médico.
2. Hay que pensar positivamente para ser feliz.
3. Si te duele la espalda todos los días, tienes que comprarte una cama más cómoda.
4. Si siempre tienes sueño en el cole, tienes que dormir más horas.
5. Para no tener problemas de salud, hay que llevar una vida sana.

ciento setenta y cinco

LIBRO DEL ALUMNO

UNIDAD 4

Pista 20.

1.
—Mañana va a hacer calor, ¿vamos a la playa?
—¡Genial! Yo puedo llevar mi kayak, ¿no?
—¡Qué buena idea!

2.
—¿Quieres venir a comer a mi casa el viernes? Mis padres hacen una paella buenísima.
—El viernes no puedo, pero el sábado sí.

3.
—Mateo, ¿conoces Colombia?
—Sí, conozco muy bien ese país porque mi abuelo es de Bogotá y en otoño siempre voy a visitarlo.

4.
—Este verano quiero ir a Chile, pero no sé cómo es el clima allí.
—Pues en esta época, en Chile hace mucho frío y nieva. Puedes ir a esquiar en las montañas, si te gusta.

5.
—¿Por qué no vamos a Sevilla a la Feria de Abril? Podemos visitar las casetas y bailar sevillanas.
—¡Sí! ¡Qué idea más guay!

Pista 21.

Emma (española): Romi, ¿qué haces este fin de semana?
Romina (argentina): Este fin de semana quiero ir a la playa, pero mis amigos quieren ir al cine. ¡No sé qué hacer!
Lucas (español): Si quieres, puedes venir conmigo a la playa el sábado. Yo voy a ir con mis amigos del barrio.
Romina: ¡Bárbaro! Claro que sí. ¿Quieres venir a la playa con nosotros, Emma?
Emma: Me encanta el plan, pero tengo que ir con mis padres a casa de mis tíos. Es el cumpleaños de mi prima pequeña y celebran una fiesta. El domingo quiero ir al centro comercial, ¿queréis venir?
Lucas: ¡Genial! Yo me apunto.
Romina: Yo no. ¡Quizás otro día!

Pista 22.

Diálogo:
—Este verano vamos a ir de vacaciones a Cuba. ¡Playa todo el mes de agosto! ¡Qué guay!
—¿A Cuba? ¡Qué casualidad! Nosotras vamos en invierno, para celebrar la Navidad.

Las estaciones del año.
Invierno, primavera, verano, otoño.

Los meses del año.
Enero, febrero, marzo, abril, mayo, junio, julio, agosto, septiembre, octubre, noviembre, diciembre.

Pista 23.

1. ¡Hoy hace mucho sol! ¿Vamos a jugar al parque? – Imagen C.
2. –¿Quieres acampar en la montaña? – Mejor otro día, hoy hace viento. – Imagen E.
3. En Sevilla en verano hace mucho calor, ¡hasta 40 grados! – Imagen A.
4. –¿Por qué no salimos a dar una vuelta? – ¡Uf, no! Hace mucho frío. – Imagen B.
5. ¿Vas al cole hoy? Hay tormenta… ¿puedes oírla? – Imagen F.
6. –¿Vamos a la playa? – Mejor mañana, hoy está nublado. – Imagen D.
7. Quiero ir al parque, pero está lloviendo… – Imagen H.
8. ¡Qué guay! ¡Está nevando! ¡Me encanta el invierno! – Imagen G.

Pista 24.

1. Sofá
2. Azúcar
3. Difícil
4. Lunes
5. Sábado
6. Física
7. Español
8. Calor
9. Mano
10. Estómago.

Pista 25.

Laura: Chicos, ¿os apetece ir esta tarde a ver una exposición de Caixa Forum? ¡En la *app* de MadridPlanGuay hay entradas con descuento para estudiantes!
Borja: ¡Claro! Me apetece mucho ver la nueva exposición de robots, mi hermano dice que es genial, ¿sabéis cuál es?
Laura: ¡Sí, sí! Mis amigas dicen que es muy interesante, pero que da un poco de miedo.
Borja: Ja,ja,ja. Eso dicen. ¿Vienes con nosotros, Marcela?
Marcela: Lo siento, yo no puedo ir. Mis padres tienen entradas para un concierto de jazz en el Palacio de los Deportes y antes vamos a ir de tapas al mercado de San Antón. Hay ofertas muy buenas en la *app*: ¡una tapa de tortilla y un refresco por 3,50€!
Borja: Bueno, está bien. La próxima vez vamos juntos. ¡Pásalo muy bien en el concierto!
Marcela: ¡Y ustedes en la exposición!

Pista 26.

1.
—¡Oye, Susana! ¿Sabes que ya está la peli de superhéroes en el cine del centro comercial? ¿Por qué no la vemos el miércoles?
—El miércoles no puedo, porque tengo clases de salsa ese día.

2.
—Maribel, ¿quieres ir al concierto de J Balvin este sábado?
—¡Me parece genial! ¿Compramos las entradas?
—¡Ya las tengo! No necesitas comprar nada.

3.
—Dani, ¿por qué no vamos a comer un helado ahora? Tengo muchas ganas…
—Sí, a mí también me apetece mucho.

TRANSCRIPCIONES

UNIDAD 5

Pista 27.

1.
- –¿Vamos de vacaciones a la playa?
- –¿A la playa? Yo prefiero ir este año a un hotel rural en la montaña.
- –Ir a la montaña me parece muy aburrido.

2.
- –¡Haz una foto con el palo selfi!
- –¿Así? Salimos muy guapas, ¿no?
- –¡Es genial! ¿Hacemos otra con las maletas y el pasaporte en la mano?

3.
- –¿Cuánto cuesta un billete de avión a México?
- –1300 euros.
- –¡Uf! ¡Es muy caro!

4.
- –Me encanta Toledo. Es una ciudad muy antigua y tiene un río muy bonito.
- –¿Dónde está Toledo?
- –En España, al suroeste de Madrid.

5.
- –Mira, mamá. Con el viaje del colegio vamos a visitar el lago Ypacaraí, que está en Paraguay.
- –¡Qué bonito! ¿También vais a ver las montañas que están en el norte del país?

Pista 28.

Estela: Rocío, ¿tienes el pasaporte y el visado? ¿Y el dinero?
Rocío: ¡Sí, sí! Está todo en mi cartera. También tengo dinero en efectivo para pagar el autobús, y mamá lleva la tarjeta.
Estela: ¿Cuánto cuesta el autobús?
Rocío: Es muy barato, cuesta 1,50€ cada una desde la estación al aeropuerto. 4,50€ en total. Oye, Estela, ¿llevas el cargador del móvil y la batería extra?
Estela: Sí, aquí está el cargador y aquí está la batería. Creo que también voy a escribir los teléfonos de emergencia en un papel.
Rocío: ¡Buena idea! Pues ya tenemos todo... a ver: cámara de fotos, palo selfi, protector solar, bikini, gafas de sol, ropa... ¿Llevo el sombrero grande que tiene dibujos blancos o llevo la gorra azul?
Estela: Yo prefiero llevar una gorra, el sombrero es muy grande y tenemos poco espacio.
Rocío: ¡Tienes razón!

Pista 29.

coche	helado	colegio
hombre	ahí	portugués
chaqueta	guion	hamburguesa
chanclas	página	gente

Pista 30.

1. Hay muchos árboles en la selva de la Amazonia.
2. Las vacaciones siempre pasan muy rápido.
3. Me gustan mucho las islas caribeñas.
4. Para ir a Lima tenemos que salir del hotel muy temprano.
5. Mi nueva cámara de fotos es muy moderna y buena.
6. La paella es una comida de Valencia muy famosa.
7. En el desierto también viven muchos animales.
8. En verano nado mucho en el lago del pueblo.
9. Muchos turistas van de excursión a Ávila.
10. Me gusta hacer muchas fotos cuando viajo.

Pista 31.

Susana: Guille, ¿quieres venir con mi familia a República Dominicana las próximas vacaciones?
Guille: ¿A República Dominicana? Claro que sí. ¡Es la isla de mis sueños! ¿Sabes cuánto cuestan los billetes de avión?
Susana: Sí, son un poco caros, pero no pagamos hotel: vamos a quedarnos en la casa de Daylin que es el primo de mi amiga Carolina.
Guille: ¡Qué guay! ¿Hay un vuelo directo desde Madrid?
Susana: Sí, hay un vuelo directo que es a las 8 todos los sábados.
Guille: ¡Mola! Entonces... ¿qué necesito? Una maleta grande y una cámara de fotos, eso seguro.
Susana: ¡Eso! También un bañador y unas chanclas para la playa... y lo más importante: ¡el pasaporte! También tenemos que buscar un regalo para Daylin.
Guille: Sí... Oye, ¿te parece bien si le regalamos una camiseta del Real Madrid?
Susana: ¡Muy buena idea!

EXAMEN DELE ESCOLAR A1

DELE Escolar A1. Pista 1.

Mujer: Vamos a desayunar que ya es la hora.
Hombre: Es verdad, ya son las 9:30.
Narrador: Contesta a la pregunta: ¿A qué hora desayunan? La opción correcta es la letra C.
Empieza la tarea 1.

Conversación 1

Chica: Mañana tenemos examen, ¿estás preparado?
Chico: No, quiero estudiar un poco más aquí en la biblioteca del colegio ¿Y tú? ¿Estás preparada?
Chica: Yo sí, me voy a casa ya.
Voz del narrador: Contesta a la pregunta: ¿Dónde estudia el chico?

Conversación 2

Mujer: ¿Qué pedimos en este restaurante?
Hombre: A mí me gusta la tortilla de patatas.
Chico: A mí no, yo quiero paella.
Chica: Yo también, me gusta mucho el arroz.
Mujer: Está bien, pedimos la paella entonces.
Voz del narrador: Contesta a la pregunta: ¿Qué come la familia?

ciento setenta y siete

Conversación 3

Chico: ¿A qué se dedica tu padre, Luisa? ¿Es policía o piloto? No recuerdo.
Chica: No, policía no es. Mi tío Andrés es el policía. Mi padre trabaja para la compañía aérea Iberia.
Chico: ¡Ah! Es verdad. Tu padre es piloto. A mí me encantan los aviones.
Voz del narrador: Contesta a la pregunta: ¿A qué se dedica el padre de la chica?

Conversación 4

Chico: Lola, tengo que ir a la librería un momento.
Chica: ¿Qué quieres comprar?
Chico: Necesito comprar un bolígrafo.
Voz del narrador: Conteste a la pregunta ¿Qué va a comprar el chico?

Conversación 5

Chico: ¿Qué vas a hacer esta noche Inés?
Chica: No sé, estoy muy cansada. No quiero salir de casa.
Chico: ¿Vas a ver la tele con tus padres?
Chica: No, prefiero leer alguna novela.
Voz del narrador: Contesta a la pregunta: ¿Qué va a hacer la chica esta noche?

DELE Escolar A1. Pista 2.

Mensaje 0 [Hombre]: Silencio, por favor. Estamos en un hospital…
Mensaje 0 [Hombre]: Silencio, por favor. Estamos en un hospital…

La opción correcta es la letra I. Empieza la tarea 2.

Mensaje 1
[Hombre] [Anuncio megafonía estación] El tren con destino a Sevilla se encuentra situado en la vía 3.

Mensaje 2
[Chica joven] [Mensaje de contestador automático] Hola, José. Esta tarde no puedo ir contigo al cine, voy a ir con mi madre al dentista.

Mensaje 3
[Hombre]: Para mí, de primero una sopa de marisco, de segundo arroz con pescado y para beber quiero una copa de vino, por favor.

Mensaje 4
[Mujer]: [anuncio megafonía en el supermercado] Hoy ofrecemos una oferta irresistible, compre dos kilos de manzanas por solo 3 euros.

Mensaje 5
[Mujer]: Hola, buenas tardes. Necesito comprar un reloj, es para hacerle un regalo especial a una amiga.

DELE Escolar A1. Pista 3.

Chica: Voy a hablar de mi familia. ¡Tengo muchos tíos y primos!
Voz del narrador: La opción correcta es la letra C. Empieza la tarea 3.
Chica: Mi tío Javier es muy deportista, le encanta practicar baloncesto y fútbol los fines de semana.
Chica: Mi prima Beatriz es vegetariana y le encanta preparar comida vegetariana para todos.
Chica: Mi primo José es el más inteligente de toda la familia. Estudia mucho y le encanta leer libros de todo tipo.
Chica: ¿Qué decirte de mi tía Leticia? Es simpatiquísima. Es la más activa de todos. Viaja mucho. Le encantan los países exóticos.
Chica: Mi tío Pedro es muy tímido y no tiene muchos amigos.
Chica: Mi prima Laura es fantástica. Tiene 20 años, estudia Derecho en la universidad.. Habla alemán, inglés, francés y, por supuesto, español.
Chica: Mi tía Rocío trabaja mucho. Es azafata. Hace muchas fotos y las pone en el Facebook.
Chica: Mi prima Irene vive y trabaja en Polonia, habla polaco e inglés.

DELE Escolar A1. Pista 4.

La rutina de Ana.
Chico: ¡Oye, Ana! ¿Qué haces los fines de semana?
Chica: El sábado me levanto muy temprano a las 7:00 para ir a montar a caballo.
Chico: ¿Tan temprano?
Chica: Sí, no me gusta ir tarde porque me gusta hacer muchas cosas. Soy muy activa. Después de montar, voy a casa de mis tíos que viven cerca de nuestra casa. Me encanta comer con ellos y con toda la familia.
Chico: ¿Y después?
Chica: Después vamos a casa y estudio un poco. Hago los deberes.
Chico: ¿Y qué haces el domingo?
Chica: Cuando hace buen tiempo vamos con mi familia a la montaña. Nos gusta mucho pasear con nuestro perro Lolo. Después voy a casa de Irene, mi mejor amiga. Me gusta mucho ver películas en su casa.
Chico: ¿Y qué haces durante la semana?
Chica: Estudio todos los días por la tarde, pero los lunes y los miércoles juego al baloncesto con mis amigas.
Chico: ¿Vas al gimnasio?
Chica: No, no me gusta mucho.
Chico: ¿A qué hora te acuestas?
Chica: Depende, los fines de semana me acuesto más tarde, pero durante la semana a las 22: 30.
Chico: ¡Qué activa eres Ana!
Chica: Bueno, a veces no hago nada…

CUADERNO DE ACTIVIDADES — TRANSCRIPCIONES

Unidad 0

Pista 1.

–¡Hola, Hugo! ¿Qué tal estás? ¿Qué tal en tu nuevo colegio?

–¡Hola, Lucía! El nuevo colegio es genial. Es muy grande, hay muchos estudiantes y los profesores son muy simpáticos. Además, tiene un gimnasio muy grande y la sala de ordenadores es muy moderna.

–¡Qué guay! ¿Tienes amigos nuevos ya?

–Sí, mira, te enseño una foto. ¿Ves ese chico moreno que tiene unas gafas azules?

–¿El que está al lado de la pizarra?

–No, no. El que está delante de la mesa de la profesora. Es alto y un poco gordito, como yo.

–¡Ah, sí!

–Pues ese es Gustavo, también es nuevo. Es de Argentina y tenemos muchas aficiones en común. A él también le gusta mucho el rap y la música urbana, hace *breakdance* y tiene un monopatín, como yo.

–¡Qué casualidad!

Unidad 1

Pista 2.

En mi barrio todo está muy cerca.
El cine está enfrente del parque.
La librería está enfrente de la papelería.
La frutería está a la izquierda del supermercado.
El cine está a la derecha de la panadería.

Pista 3.

1. ¿A qué hora sale el tren con destino Madrid?
2. En mi barrio hay muchas heladerías.
3. Este fin de semana vamos a Gijón en autobús.
4. No puedes subir al metro con la bici.

Pista 4.

El autobús con destino a Sevilla sale a las siete y cuarto y llega a las diez en punto.
El autobús con destino a Málaga sale a las ocho menos cuarto y llega a las diez y cuarto.
El autobús con destino a Granada sale a las nueve y media y llega a las once menos cuarto.
El autobús con destino a Barcelona sale a las doce menos cuarto y llega a las cinco y media.

Unidad 2

Pista 5.

Mensaje 1: David, te llamo después de la clase de natación.

Mensaje 2: María, no le digas a papá que no me lavo los dientes.

Mensaje 3: ¿Puedo leer antes de acostarme?

Mensaje 4: Mamá, ¿antes de cenar podemos ver la tele?

Mensaje 5: Álex, ¿jugamos al tenis este fin de semana después de desayunar?

Pista 6.

1. Mario: ¿Sabes qué? El jueves es mi día favorito. Por la tarde siempre me pongo mi chándal amarillo y mis zapatillas deportivas azules. ¡Es importante estar cómodo!
2. María: Tengo un bañador nuevo: es rosa y negro. Es muy cómodo para nadar.
3. Mina: ¡Qué rollo! Todos los días me pongo la falda gris y el jersey verde del uniforme...
4. Alicia: Ya tengo el gorro, las chanclas y las gafas. Solo me falta el bañador... ¡Papá!, ¿dónde esta mi bañador?
5. Pedro: En el de mi primo los estudiantes van con pantalón, camisa y jersey. El mío es más moderno, ¿lo ves? Vamos con pantalones negros y una sudadera.

Pista 7.

1. Hago los deberes antes de hacer deporte.
2. Ella se pone vestido y zapatillas cuando juega al tenis.
3. Preferimos hacer la cama después de desayunar.
4. Peino a mis gatos todos los días.

Unidad 3

Pista 8.

Mensaje 1: Hola, soy Luis y mañana tengo un examen de Matemáticas. ¿Qué me aconsejas?

Mensaje 2: Hola, soy María y después del colegio me duele la cabeza. ¿Cuál es tu consejo?

Mensaje 3: Hola, mi nombre es Pierre y quiero jugar en el Real Madrid. ¿Cuál es tu consejo?

ciento setenta y nueve

CUADERNO DE ACTIVIDADES

Mensaje 4: Buenos días, me llamo Kate y quiero tener más amigos. ¿Qué me aconsejas?

Pista 9.

1. pies
2. cabeza
3. cuello
4. espalda
5. ojos
6. estómago
7. orejas
8. manos
9. brazos
10. garganta

Pista 10.

1. Me duele la cabeza.
2. Tengo frío.
3. Tengo un examen de Inglés.
4. Estoy cansada.
5. No me gusta jugar al fútbol.
6. Me duele la garganta.

Unidad 4.

Pista 11.

1. –Alejandra, ¿vienes a comer un helado?
   –No puedo, me duele la garganta.
2. –Piotr, ¿por qué no vamos a la exposición de máscaras africanas?
   –¡Qué buena idea! Me apetece mucho.
3. –Eleni, el sábado por la noche podemos ir a la quedada de fans del cómic, ¿te apetece?
   –¡Claro! Es un buen plan de fin de semana.
4. –Iván, ¿quieres ir a montar en bici al parque?
   –Sí, quiero, pero no puedo porque tengo que ir a casa de mis abuelos a cenar.

Pista 12.

1. Vamos a ir al cine este fin de semana, ¿quieres venir?
2. Hola Juan, soy tu abuela, ¿vienes a casa a merendar?
3. ¿Vais al concierto de Álvaro Soler este sábado?
4. Vienen a la playa esta tarde.
5. Voy a estudiar a la biblioteca con mi hermana.

Pista 13.

Gira a la izquierda y sigue todo recto. Cuando ves el cine gira a la derecha y sigue todo recto. Mi casa está enfrente de la piscina.

Unidad 5.

Pista 14.

1. Cinco mil seiscientos noventa y ocho.
2. Nueve mil trescientos veinte.
3. Diez mil ciento cincuenta y cuatro.
4. Cuatro mil doscientos cincuenta y seis.
5. Siete mil cuatrocientos ochenta y nueve.
6. Ocho mil novecientos setenta y cinco.

Pista 15

Hueso, Querer, Guerra, Guía, Quieres, Escuchar, Hablar, Quedar, Quien, Portugués, Guillermo, Quito, Chica, Huevo, Pequeño, Chile, Guitarra, Hamburguesa.

Pista 16

1.
Chico: ¿Este año vais de vacaciones al desierto de Atacama, como el año pasado?
Chica: No, mi madre quiere ir a la playa, pero al final vamos a ir a las montañas de los Andes con mis primos.

2.
Chica: Mamá, ¿en vacaciones podemos ir a la heladería al lado del Museo de Historia Natural?
Madre: No podemos ir al museo este año, hija. Tenemos que ir a visitar tus abuelos que están enfermos.

3.
Padre: ¿Tienes dinero en efectivo para pagar los billetes?
Chica: No hace falta papá, puedes pagar con tarjeta.

4.
Madre: Luis, ¿me dejas tus auriculares para escuchar la radio?
Chico: Lo siento, mamá, no los tengo. En la mochila solo tengo el protector solar y unas chanclas.